um rio
de sonhos
e mistérios

Editora Appris Ltda.
1.ª Edição - Copyright© 2024 da autora
Direitos de Edição Reservados à Editora Appris Ltda.

Nenhuma parte desta obra poderá ser utilizada indevidamente, sem estar de acordo com a Lei nº 9.610/98. Se incorreções forem encontradas, serão de exclusiva responsabilidade de seus organizadores. Foi realizado o Depósito Legal na Fundação Biblioteca Nacional, de acordo com as Leis nos 10.994, de 14/12/2004, e 12.192, de 14/01/2010.

Catalogação na Fonte
Elaborado por: Dayanne Leal Souza
Bibliotecária CRB 9/2162

S586u
2024

Silva, Maria Ferreira
Um rio de sonhos e mistérios / Maria Ferreira Silva. – 1. ed. – Curitiba: Appris, 2024.
229 p. : il. ; 23 cm.

ISBN 978-65-250-6457-4

1. Poema. 2. Viver. 3. Justiça. 4. Solidão. I. Silva, Maria Ferreira. II. Título.

CDD – B869.91

Appris editora

Editora e Livraria Appris Ltda.
Av. Manoel Ribas, 2265 – Mercês
Curitiba/PR – CEP: 80810-002
Tel. (41) 3156 - 4731
www.editoraappris.com.br

Printed in Brazil
Impresso no Brasil

Maria Ferreira Silva

um rio de sonhos e mistérios

Curitiba, PR
2024

FICHA TÉCNICA

EDITORIAL	Augusto V. de A. Coelho
	Sara C. de Andrade Coelho
COMITÊ EDITORIAL	Marli Caetano
	Andréa Barbosa Gouveia (UFPR)
	Edmeire C. Pereira (UFPR)
	Iraneide da Silva (UFC)
	Jacques de Lima Ferreira (UP)
SUPERVISORA EDITORIAL	Renata C. Lopes
PRODUÇÃO EDITORIAL	Adrielli de Almeida
REVISÃO	Marcela Vidal Machado
DIAGRAMAÇÃO	Amélia Lopes
CAPA	Mateus Porfírio
REVISÃO DE PROVA	Bruna Santos

Dedico este livro ao universo das mulheres com mais idade que, mesmo diante das dificuldades impostas pelo tempo, não desistem de buscar sua felicidade.

Agradecimentos

Agradeço aos presentes que a vida manda, mas nunca chegam.

Agradeço aos acolhimentos que não se espera e chegam no tempo certo.

Agradeço à velhice, que, restituída de todos os bens, me incentivou para esta escrita.

Eu tenho medos bobos e coragens absurdas.

(Clarice Lispector)

Há sempre uma razão, embora não haja nenhuma explicação.

(Adélia Prado)

Liberdade é uma palavra que o sonho humano alimenta, não há ninguém que explique e ninguém que não entenda.

(Cecília Meireles)

Apresentação

Sem seguir padrão, norma e preceito, resolvi eleger para esta obra o título: *Um rio de sonhos e mistérios*. Ele traz uma seleção de poesias, crônicas e/ou coisas parecidas. É um livro que propõe refletir e compreender os sonhos e frustrações para a vida neste ou em outro tempo qualquer.

É a representação mais pura de quem buscou, nos seus modos e nos momentos mais solitários e silenciosos, desencravar por uma linguagem "poética-artística" meios para mostrar essa passagem e pela arte de bordar, ornamentar algumas páginas.

Iniciei pela poesia e, oferecendo por ela a visão mais realista de amor, enchi este rio de sonhos e mistérios.

Mas a vida desafiou, pelo imaginário e sensibilidade, mostrar que uma coisa é o que acontece e a outra é o que se escreve sobre o acontecido. Para fazer o leitor pensar e entender, é bom saber que o aspecto conceitual nos leva a muitas definições para a mesma coisa.

Neste livro haverá um tempo para se deliciar, mas atravessar o rio na sua totalidade vai exigir que o leitor entenda sabiamente o que é remar contra a corrente.

A poesia foi, predominantemente, minha companhia, por ela pude adentrar diferentes universos, viver distintos sentimentos e transgredir, pelo mundo da escrita, porque escrever é destrinchar sentimentos, espalhar emoção, conhecimento e sabedoria. É viajar pelo mundo sem marcar destino certo e pela vida afora, na companhia de um bom livro, se encontrar.

Prefácio

Interessante ler, interpretar e se deixar seduzir pelas imagens reais (de sentimentos incontidos) da escritora Maria Ferreira Silva, que conheço doutras páginas – *Quatro tempos e uma vida*. Naquele, como neste, *Um rio de sonhos e mistérios*, deparamo-nos com a força que vibra sensível, qual gigante criatura que tem no coração, maior que a cápsula física, a envergadura das grandes almas, a arma de que dispõe, a poesia. Se se conhece, ao menos razoavelmente, a artista que manipula a palavra com a mesma categoria com que tece bordados, poder-se-á afirmar que Maria terá panteão erguido nos salões do reconhecimento como exímia autora. As futuras gerações honrar-lhe-ão a poderosa presença entre nós.

O que ela escreve, desenhos que faz com a tinta do próprio sangue, é algo a ser aprofundado pela crítica. Repousa qualidade ali. A desafeição dalguns para com ela, assinada por vizinhos de um planeta cruelmente enfermo em quaisquer andares, dão a Maria munição para criar bocados, até quando suaviza, com grito alto por justiça nas instâncias possíveis, o clamor pela aplicação da lei distante, porquanto não tem pistolão ao alcance. É a autora denunciando "a ineficácia da justiça e abrindo espaços para mostrar um leque de injustiças".

Mesmo injustiçada e humilhada, Maria não cede e, acerca de tudo em quanto, põe-se a escrever sem sermões. São poesias com enredos do que lhe dissolve os sonhos, sonhos de amores vãos, com repercussões exteriores, na medida em que somatiza desagravos – mas ela escreve; sorri por bobagem, vez ou outra, e lapida desabafos maravilhosos de ler, posto que é mister seu explodir do vulcão interior – e ela escreve, escreve

"crônicas ou coisas parecidas"; dá adeus a ente amado e, supondo que uma dor maior sempre consola uma dor menor, dá adeus à melancolia e colhe quilômetros de sol – e ela escreve frases e pensamentos invulgares.

Maria vive e vive de escrever. Escreve porque a vida, para a professora corajosa e inspiradora d'outrora, traz consigo o dinamismo virtuoso do resistir. Faz a opção por ser luz e fazer luz, mentalizando a luz, pensando positivo nas adversidades volumosas a cada quadra. Disse-me, certa vez, que cada mente vive na companhia que elege. Ela elegeu um Deus apiedado dos filhos padecentes, humano. "Onde colocamos o pensamento, aí se nos desenvolverá a própria vida". Nossa Cecília do Cariri, vestida de Cora e abraçada a Rachel, sabe que "mais recolhe quem mais semeia". Com *Um rio de sonhos e mistérios* faz-se mais alva de sentimentos, malgrado a dor existencial em seus costados, insistente.

Ela não é triste, é sofrida. Senhora da situação imposta por ensombradas esquinas, seguindo adiante como deve seguir a nordestina destemida que é. "Onde existe a alegria, o sofrimento não se detém", e Maria vai peitar o azar, certa de que há tempo de plantar e tempo de colher. "Hoje amanheci com indisposição, mas o vento vindo de longe me trouxe uma inspiração de que sonho não tem idade, que um novo amanhã pode trazer um grande desafio para a vida, talvez o tamanho do dever". Coberta de razão.

Nas páginas a seguir, desencontros amorosos e sangrias no coração, desenganos e "infelicitâncias". Dores que findam por dar sentido ao conjunto da obra, como se o sofrer d'agora fosse-lhe a antessala d'algo muito bom a vir pelaí. Lembra-me Vinícius: "Mas pra fazer um samba com beleza / É preciso um bocado de tristeza / É preciso um bocado de tristeza / Senão, não se faz um samba não...". Maria escreve samba-paixão.

Sabe, quando criança, a mãe dizia: "engole o choro!"? Maria engole – com sabor de cajá umbu – o dissabor viril, transformando vinagre em saudável doce. "Cansar", diz ela, "jamais!". Se lhe deram mar por vida, toma o oceano na risca e navega-o a longas braçadas. Medo? "Quem lastra a vida de medo de enfrentar vai ficar sempre na poeira". É que o papo de Maria é verdadeiramente outro, é diverso. Os raios de vida imperecíveis que emite são fortes dentro de si, de tal sorte que, embora a derrota aparente da hora, ela quem nocauteia, já no primeiro *round*, o adversário desarvorado. Maria é de primeira, "impávida que nem Mohamed Ali", bailando em livros a sua contenda parceira. É da melhor qualidade a Maria Ferreira Silva que admiro.

Sou entusiasta do conjunto de nuanças impregnado em seu ser. Para dizer do apreço que tenho por ela – disso ela não sabe, precisei conhecê-la, passar minutos a ouvi-la em confidências que não dão dó, sinceramente. Ao contrário, permitem-me ter a perfeita noção da grandeza de alguém capaz de dizer: "Por trás desses desafios, com certeza virá uma insônia, mas querendo eu ir mais longe, cansar, jamais! Por mais que tudo esteja difícil no caminho da nossa vida, não podem faltar sonhos, mesmo sabendo que o parâmetro para toda vida é a morte".

Que as águas desse *Rio de sonhos e mistérios* banhem Maria de sorte e de paz, de saúde e realizações. Que a partir deste livro, o céu lhe desça balsamizando os pés cansados. Maria lutou e eu vi. Como outra qualquer do planeta, Maria Ferreira merece ser feliz.

Tarcísio Matos
Jornalista

Sumário

Introdução 22
Um rio perene 25
Sumário criativo para coisas da vida 27
Indisposição 28
Sonho não tem idade 29
Um novo amanhã 31
Um grande desafio para a vida 33
O tamanho do dever 34
Insônia 35
Cansar, jamais! 36
Sonhos 37
O parâmetro para toda vida é a morte 38
Medo 40
Todo sofrer tem um motivo 41
Bendito seja 43
Juntando os pedaços 45
Esperar o que o tempo não prometeu 47
A felicidade pode ser 48
Instantes 49
Chuva de sonhos 50
Fraqueza 51
Do muito que aprendi 53

Quem sou 55
Uma viagem 56
A água do deserto faz milagres 57
Ser poeta 59
Solidão não mete medo 61
A vida passa 63
A poesia é um rio imaginário 64
Um chamado de atenção 66
Um amor incongruente 68
Dor de amor 70
O sentido de um amor 70
Meu querer 72
Amor não é invenção 73
Paixão 74
Pensamentos vãos 76
Ausência de palavras 77
Ausência de presença 79
Dois em um 81
Uma força estranha 84
Presentes da vida 85
Lembranças 87
Incerteza 89
Tentação e prazer 90
Espera 92
Quando de uma paixão 93
Traição 95
Medo de uma luz 96
Por uma cartomante 98
Paixão não é maldade 100
Verdade nua e crua 101

Acordar com o tempo 102
O que ficou para trás 103
Um estranho acontecimento 104
Hoje foi para pensar 105
A vida é um sopro 106
A vida é quem decide. 108
Este amor fez história 110
Maldade e sedução 112
Um contra outro a favor. 114
Silêncio ou segredo. 115
Todo amor merece atenção 117
Crônicas e/ou coisas parecidas. 118
E de repente... 120
Um sonho desmotivado não é o fim. 132
Quase sempre estou feliz 134
Realidade e sonho. 136
A morte e suas faces. 138
Conselho não é intromissão. 140
Omissão não combina com amor 142
É no ouvir que se aprende. 144
O espesso cansaço da velhice. 146
Diário de um tempo. 149
O tamanho da minha sede 151
Não há amor sem partilha. 154
Um ponto de vista. 156
Uma conversa a cada tempo 158
O sentido das pequenas coisas 161
Amor para sempre é uma proposta 163
Quando o mundo desaba. 165
Presente de grego 167

Pouco sei 169
A comunicação e seus efeitos maléficos 171
Um encontro entre a consciência e o imaginário 175
Uma conversa entre o Mihor e Pihor 178
Uma noiva abandonada no altar 181
Parece refrão 186
Simbologia 188
Compêndio 190
A história de uma jovem idosa 191
Sonegação de amparo 196
Casa de ninguém 206
Agenda de sentimentos 212
Bolo de rolo 215
Um rolo pela metade 217
Senhor Brasil 220
Um caçador e sua grande caçada 223
Varal de frases e pensamentos 227
Frases que foram escolhidas para bordar 229

UM RIO DE SONHOS E MISTÉRIOS

Introdução

Mais do que uma oportunidade, é um desejo meu mostrar as minhas manifestações e oferecer ao leitor uma viagem que flagre muitos dos meus momentos poéticos, expressos em textos temáticos sobre as visões que tenho de mundo, suas relações e significados.

Não escolhi critério para fazer a seleção. Ela foi feita aleatoriamente, separada em momentos distintos, por meio de:

1 – Poesias;

2 – Crônicas e/ou coisas parecidas;

3 – Frases e pensamentos.

O exercício da escrita profissional, ainda sem um destino certo, é marcado pela intenção de revelar visões do meu mundo em um tempo em que a vida, já madura, não se prende a regras, modelos e/ou formas...

A intenção aqui é traçar um itinerário que acomode a escrita tal como ela foi constituída e lançar ao mercado. Enquanto experiência individual, é intimista. Na realidade, é uma oportunidade para conjugar com os sentimentos mais íntimos.

Desarmada de resultados fáceis neste caminho, busco o que é significante em mim para alcançar o outro e anseio que a leitura seja prazerosa para todos.

A "antologia intencionalmente misturada a outras coisas, inclusive usando a arte de ilustrar com bordado, é marcada passo a passo por simplicidade. Ela é a representação mais pura de quem buscou, nos seus modos mais solitários e silenciosos, desencravar sua linguagem **poética-artística** como forma de mostrar essa passagem".

Rodeada de expectativas e sonhos, sem pretensão nenhuma de oferecer lições, mas desejando ganhar aprendizado, fui buscando na raiz dos meus dons artísticos o bordado para ilustrar.

Expor aos olhos dos outros os caprichos da vida e do coração, para fazer essa travessia de amor, dor e alegria, foi como desaguar por um rio. Penso que o mundo envolvente da poesia é a maneira mais leve de falar das coisas, do tempo, do lugar, da pluralidade e das representações.

Escolhi para título do livro: UM RIO DE SONHOS E MISTÉRIOS, e para abrir o primeiro capítulo, escolhi o que mais me agrada, a poesia, tendo como poesia inaugural: UM RIO PERENE.

MARIA FERREIRA SILVA

Um rio perene

Ah! Desse rio que quero agora falar!
É muito diferente do rio que foi meu lugar
Aquele rio em que aprendi a nadar
Que da barreira eu pulava
Nua de roupa e vestida de inocência
E ganhava dele o abraço
Para treinar minha resistência.

O rio da madureza da vida
É difícil de viver.
Pela sua correnteza
Não desliza mais a inocência.
É um jogo de paciência
Cheio de comedimento
Para lidar com o novo viver.

Mas é necessário dizer
Que essa é outra possibilidade
Com outro tipo de liberdade
Para fazer ou não fazer
Para chorar, gritar e calar
Com a certeza
De que já sabe da vida o que fazer.

Por esse rio vão correr
As lágrimas contidas nos sofrimentos
O silêncio das coisas anônimas
E os gritos de consciência pela ciência das coisas.

Sumário criativo para coisas da vida

Hoje amanheci com **indisposição**, mas o vento vindo de longe me trouxe uma inspiração de que **sonho não tem idade**, de que **um novo amanhã** pode trazer **um grande desafio para a vida**, talvez **o tamanho do dever.**

Por trás desses desafios, com certeza virá uma **insônia**, mas querendo eu ir mais longe, **cansar, jamais!** Por mais que tudo esteja difícil no caminho da nossa vida, não podem faltar **sonhos,** mesmo sabendo que **o parâmetro para toda vida é a morte.** Foi Deus quem me disse para não ter **medo** porque **todo sofrer tem um motivo** e **bendito seja** Deus que disso me convenceu. **Juntando os pedaços** para esperar o que o tempo não prometeu. Talvez sejamos tristes por um bom tempo, mas **a felicidade pode ser** a ciência de que o amor e a sabedoria podem fazer dos nossos **instantes** uma **chuva de sonhos** porque os mistérios da vida me dizem que **o mundo precisa de sonho** e talvez Deus veja em seus sonhos o quanto desperdiçou da vida quando sentiu **fraqueza.** Por esse motivo, **do muito que aprendi,** tudo cabe dentro de mim, menos mentir para agradar. Como uma viajante, contemplo o meu percurso e me pergunto **quem sou** e rondo em sonho. **Uma viagem** sem desgosto e temor de acreditar que **a** água do deserto faz milagres. Meus olhos ricos em um desejo me dizem: **ser poeta** é entender que essa **solidão não mete medo.** De todas essas águas dolentes que por esse Rio de Sonhos e Mistério passaram, ficou a aquiescência para permitir que, mesmo sem o consentimento, **a vida passa.**

MARIA FERREIRA SILVA

Indisposição

Todo dia tem coisas que não se esperam
Todo dia tem muita obrigação
Todo dia a gente espera a alegria
Que tá no âmago de todo coração
É como o romance do olhar
Que encontra o amor
Sem mesmo se encontrar
Na algazarra, ou no silêncio
Todo dia tem sempre o que se esperar
São vistos em sonhos, frustrações!
Renascido do senso de obrigação
Que faz o dia com alegria
Ou mesmo sem disposição.
Todo dia a gente monta uma agenda
Para melhor fazer sua organização
Começar sempre pelo que é mais urgente
Sem esquecer que gente é mais obrigação
Por ordem daquilo que é vida
O tempo transforma as formas do viver
Por isso vai girando o tempo
Pelo tempo que der para fazer.
A gente procura engendrar
As lembranças vazias
Os momentos vãos
Para fazer sobrar do tempo
As coisas de mais obrigação!

Sonho não tem idade

Prometi que ia eu fazer
Muitas coisas que tinha em mente
Todas eram apenas sementes
Plantadas na mente para um dia florescer
Algumas tão inusitadas
Que nem de longe planejadas
Era possível conseguir, obter
Coisas sem explicação
Negócio sem direção
Que se não falha a memória
Segundo predição só existe no coração
É algo para viver por viver
Ou fingir que é normal não esquecer
Que Deus abençoe
Para a ninguém o mal fazer
São coisas que têm sentido
Quando movidos por uma emoção
Que nos confere pensar
Ser uma viagem sem direção
São desejos de fazer
Não somente por você
Guardados e inspirados
Há tempo num quefazer
Coisas que nunca se fez
E talvez nunca vá fazer

Guardadas num diário secreto
Um dia pode ser motivo
Para chamar sua atenção
Para escolher entre os itens "coisas"
Aquele da sua predileção,
Feche os olhos e abra sem indicação
Para viver essa mistura de coisas
Que não passa de um jogo de sonhos
Basta compreender que sonho
É um desejo vivo e constante
E que o sonho mais sonhado
É aquele que assola o corpo
Da cabeça aos pés pelo desejo de fazer
Para se debruçar sobre o sonho de hoje
Como sendo o mesmo de ontem
E possivelmente o de amanhã
Ter certeza de que sonho não tem idade
Figura para o fim da promessa desejada.

Um novo amanhã

Amanhã quando o Sol surgir
Quero pedir para ele um novo mundo
Para todo existir!
Quero uma nova construção
Que não domine nem deprima
Para o bem da sua própria condução.
Quero para quem nunca teve, ter!
Quero tirar o excesso de quem tudo teve
E não soube o que fazer
Quero novas possibilidades
Para viver a igualdade que põe à deriva
Este mundo cheio de desigualdades
Amanhã quando o Sol nascer
Quero tirar a força do seu calor
Para transformar tudo em amor
E distribuir de forma igualitária:
– O amor que estima
– O sorriso que anima
– A saúde que revigora
– Dignidade para todos,
independentemente do lugar onde moram
Quero um mundo sem correria
Para ganhar por um dia
Apenas um prato de comer
Quero saúde, paz e alegria

Quero moradia, mas principalmente
O direito de receber como obrigação
Tudo que é direito de ter
Quero que o dia me traga
Desde o seu nascer
A sua luz mais profunda
Para alumiar o meu querer
De ter um mundo novo para todos,
independentemente da particularidade do seu SER
Deus, como é possível tantos com tanto
E tantos sem nada!
Eu não sei compreender.

Um grande desafio para a vida

O maior desafio da vida
É entender as suas adversidades
É conviver bem com o corpo
Sem brigar com a idade
É evitar a inveja do corpo do outro
Para viver o prazer do seu
É pontuar as desigualdades
Porque a beleza do corpo
Pode estar em qualquer idade
Para isso basta despir-se
Da falsidade da vaidade
Para encarar a realidade.
Nada estará mais firme
Nem tampouco nas proporções
É a natureza quem se encarrega
Deste meio de transformação
E para sentir o entendimento
Basta satisfazer-se
Pelo bem já possuído
A longevidade da vida
E não deixar que seus propósitos
Se tornem desengano
Em nenhum ano da sua vida.

O tamanho do dever

Tem dia que a gente já acorda
Pensando no que vai fazer
São tantas coisas que a vida
Tem a nos oferecer
Sem saber o que fazer
Olha para o mundo a dizer
Se fosse tudo por mim
Não saberia o que fazer.

Mas é em Deus que está
A melhor das direções
O que for bom para a vida
Tem sua sábia aprovação
Não adianta revolta
Lamento sem obrigação
Cada um tem a incumbência
De zelar da sua condução

Parece que tudo está
De forma encurralada
Falta trabalho e saúde
Moradia e respeito
Falta para todos escolher
A forma como querem viver
Ter liberdade de ir, de vir
E também de escolher.

Insônia

Ao despertar de uma noite de insônia
O que empurra o seu dia
É o sentimento de que a vida continua
E o dia vindouro pode trazer alegrias
Tá na voz da consciência
Que o estado de ressaca vai se acomodar
E a depender da força e direção para o dia
Os sonhos do sono que não ocorreram
Podem noutros sonhos se transformar
Uma receita com gosto de amor
Uma leitura prazerosa
Uma corrente de oração em uma direção
Um chá de alecrim para restabelecer a paz
E outras mudanças conscientes
Como: exercícios, ioga e meditação
Alguns tipos de alimento são indicação,
Mas não se pode fugir do consumo
É como uma obrigação
Um ambiente de silêncio e escuridão
É uma formula da natureza
A melatonina que toca o sono
É como uma vara de condão
Toca dia sim dia não!

Cansar, jamais!

Para entender a vida
Lá fui eu a navegar
Fui ao fundo das entranhas
Entender as artimanhas
De um amor fora do ar
Nem de longe vou pensar
Em um dia me cansar
Serei eu a correnteza
Invisível na destreza
Para este sonho desvendar
Sem um caminho marcado
Vou mesmo assim eu a procurar
Tá na força interior
Na essência do amor
Desde um tempo passado
Se é mentira ou verdade
Serei eu a procurar
Nem de longe vou pensar
Em um dia me cansar
De encontrar esta verdade
Que cheia de maldade
Não me faz desanimar.

Sonhos

Fui dormir para sonhar
Não sonhei porque não dormi
E no meu leve acordar
Fiquei por muito a sonhar
Sonhos senão verdadeiros
Presságios e quimera também não eram
Porque estava no meu acordar
Eram desejos verdadeiros
Fincados em raízes para se realizarem
Nele um caminho cheio de amor
Onde a generosa curva da compreensão
Abraça todos, independentemente da sua condição
Para todos, um mundo mais rico de paz
Onde a natureza não sinta a dor
Pelos crimes que o homem lhe traz
Para todos, um mundo sem miséria
Sem a tal da desigualdade
Onde o amor seja coisa de verdade
E esteja presente para todas as realidades.

O parâmetro para toda vida é a morte

Não se sinta inferior a ninguém
Não pense ser superior também
Não cogite fazer essa medição
Com a exata definição
Ela é um produto socioemocional
Não tem fórmula exata na Matemática
Somente se justifica diante de uma realidade
Deve ter o limite na sensatez e no respeito
Para não privilegiar nem menosprezar
Não classificar por proximidade
Não valorizar por peso ou idade
Saber que dentro da mesma equação
Todos nós temos defeitos
E estamos na mesma condição
Aquela que lá nos primórdios da escrita
No princípio da humanidade já dizia
Que todos somos iguais
Merece mais atenção
Essa merece atenção
Porque dela ninguém escapa
A morte é o melhor parâmetro
Todavia, se a sua intenção
É medir coisa do coração,

Esqueça essa medição!
Coração é terra em que não se anda
Que não se vende, mede nem compara
Cada um traz consigo no seu decreto
Um tamanho em bondade e maldade
E todos só se enriquecem
Na sua essencialidade!

MARIA FERREIRA SILVA

Medo

O medo que às vezes dá
De seguir num caminhar é tanto!
Que essa verdade
Limita até o sonhar!
Porém quem lastra a vida
De medo de enfrentar
Vai ficar sempre na poeira
Sem saber procurar
Sempre fui atrevida
Não tive medo de arriscar
A vida me pedia força
E eu ocupava esse lugar.
Fiz de mim uma força
Para os sonhos realizar
Ancorada sempre pelo desejo
De nunca deixar desanimar
Desta roda que é a vida
Que definição não há
Aceitei a eterna reticência
Para na vida não parar!

Todo sofrer tem um motivo

Todo sofrer tem um motivo
Muito embora nem todo sofrer
Tenha uma explicação
Embalado na própria agonia
Oscila entre dúvida e verdade
Mas é na solidariedade
De um acompanhar ou defender
Que o adverso encontra espaço
Para aguentar mesmo sem entender
Porque coisa certa a seu respeito
É que ele, como um palpite,
Todos têm um a oferecer

Frente à situação não se desespere
Atravesse com calma o difícil percurso
Converse entre os amigos e familiares
Com quem tem disposição para escutar
Busque nas mais expressivas fontes
De humanidade e espiritualidade
Do rezar ao perdoar não se deixar cortar
Para seguir inteira e saber administrar
Esse tempo de ausências e presenças
Varia, porque o que não agrada não dá prazer
E para aceitar é preciso a sabedoria do bem viver

Não fique triste com os indiferentes
Eles ocupam somente os seus lugares
E longe de ser obrigação, presença é consideração!
E referência de apreço é mais que estimação
Pode ser mais valiosa do que um presente em mãos
Compreensível fica para quem está vivendo
Por um momento de sofrimento
Que o tempo de Deus não é o nosso
E no seu propósito a medida certa
Está em suas mãos
Por isso mesmo todo sofrimento desafia a fé do cristão
Somos tão diferentes nas nossas perspectivas
Que jamais seguiremos o mesmo caminho para a evolução.

Bendito seja

Bendito seja este ano
Com uma vida na Terra
Cheia de humanidade!
Que os frutos da consciência
Símbolo de humanização
Caminhem com todos
E deixem a sua presença
Marcar uma posição
Que não seja a neutralidade
A pior de todas as posições
Que as coisas de amor e vida
Estejam sempre em primeiro lugar
E por onde quer que vá passar
Consiga deixar a marca
Que todos tenham direito de sonhar
Desbravar novos caminhos
Tateando em meio a este caos
Talvez seja somente sentimento
Que este novo presente
Chegue cheio de amor como semente
Para replantar a vida de sonhos
De uma forma mais consciente!
Que todos os passos dados
Avancem para descortinar
O amargo da pandemia

Que veio para mostrar
Sua força e sua valentia
Sem nada nos perguntar.
O que ficou de bom e revelado
É que somos tão pequenos
Que basta um grão da natureza
Para dar um basta em nossa vaidade!

Juntando os pedaços

Estou juntando os pedaços
Que quebrados estão
Vou reparar para cada um
Com um olhar e uma decisão
Para transformar em arte para a vida
Por tempo ilimitado
Tudo que estava junto e bem-arrumado
E de repente se desvencilhou
Porque na vida nada é eterno
Nem mesmo o amor
Tudo se insere no tempo
E no tempo tudo se desfaz
Algumas coisas tornam-se insensíveis
E outras sensíveis demais
O tempo de agora me faz ver
Que o objeto daquela dúvida
Agora dá para crer
Que perversidade existe
Ela está no comportamento de alguns
E a colheita para o seu prazer
É fazer o outro sofrer
São atitudes mesquinhas
Que no mundo de aparência
Esconde o que é evidência
Sem deixar parecer

Provar pelo testemunho
Requer muita coerência e paciência
É uma verdadeira empreitada
Porque o comportamento
Construído nesse gênero
Desafia qualquer verdade.

Esperar o que o tempo não prometeu

É preciso paciência para aguentar
Esperar do tempo o que não prometeu, mas vai nos dar
Mas se espera sem promessas como se fosse certeza
Sabendo que a vida é uma caixa de surpresa

Na perseverança me pus a observar
Cada fonte desta linha para eu não me soltar
Fui conseguindo com cuidado desdobrar o seu sentido
Para eu não me cansar sem nada eu ter conseguido

Com ressalvas faço o meu julgamento à vida
Por ela ser percurso para sonhador
Que forrada de versões tem uma para cada um
Escolher o tipo que quer para a sua inscrição.

A felicidade pode ser

A felicidade pode ser a confiança
De encontrar o que deseja, como se fosse criança
Que inocente e destemida sempre está em prontidão
Para não deixar para trás o sonho que tem em mãos.

A felicidade é um terreno fecundante
A insistência é o foco que ensina à vida
Que esperar pelo destino é uma temerosa invenção
Que alimenta tanto a alma quanto incita o coração.

A felicidade pode ser ainda uma condição
De conquista, de maldade de outra contraversão...
Ela inibe o poder da compreensão,
Pois celebra em tantos tempos e distintas situações
O que somente o coração traduz como uma satisfação!

A felicidade é coisa para se celebrar
Como instantes de amor no coração
Cada um tem o seu jeito de guardar isso no peito
E na confidência encontrar em si o melhor jeito.

Instantes

A vida é composta de instantes
Felizes, doídos, misturados
Em um desses instantes
Muito pode acontecer
Um amor pode nascer
Um dia maravilhoso ocorrer
E noutro instante próximo
Até a vida pode perecer
Celebre tudo que ele lhe der
Se confuso na imaginação,
Saiba que com a vida acontece assim
Enquanto ela se configura no tempo
Cada um vive a sua transitoriedade
No amor ou na dor
Na alegria ou na tristeza
No prazer ou no desgosto
Na pobreza ou na riqueza
É importante equilíbrio e harmonia
Para fazer essa travessia
Não esqueça nem por um instante
Que saber a importância de cada instante é
Computar o tempo pela sua significância
Só precisa da vida o que merece
Destino fixo na Terra.

MARIA FERREIRA SILVA

Chuva de sonhos

Eu sonhei que ia chover
Os sonhos acontecerem
Pra banhar a nossa alma
Em todo amanhecer
Senti o corpo molhando
Banhando-se em alegria
Fincando os pés na terra
Procurando outra energia
Para alimentar novos sonhos
Que a vida já não trazia
E parecia tão distante
Que nunca iria alcançar
Mas esta chuva de sonho
Veio mesmo para banhar
Trouxe a força e a alegria
Que corpo e alma mereciam
Não é apenas entusiasmo
É tempo com rastro
Para nenhum silêncio guardar
É um novo recomeçar
Que a vida pedia aos dias
Cansada de esperar.
Foi o tempo mais difícil
Que viveu esta nação
Não tem cristão consciente
Que engula essa enganação!

Fraqueza

No meu diário de vida
Não cabem certas expressões
"Não sou carne nem peixe"
E em briga de mulher não se mete colher, não!
Se medo, covardia e indiferença
Alimentam alguma das suas crenças
E considera essa a melhor posição,
Suas dúvidas merecem de certo uma lição
Saber que todo covarde tem uma vocação
Pensar somente em si e engajar-se naquilo
Que couber sua escolha como sua opção
Sem compromisso com nenhuma obrigação,
Seu jogo artificioso mostra muito bem
Que a indiferença é a ciência
De quem tem certeza sobre saber jogar
Mesmo assim a covardia dói na alma
Porque camufla em si sua fraqueza
E por mais marcante que seja
Não preenche este falso lugar
Todos temos obrigação
De tomar nas causas uma posição
Na falta de convicção
Para reconhecer sua dificuldade
Entre de corpo e alma nesta realidade
Reconstrua pontes com novas possibilidades

O tempo presente pode intensificar a vida
Dar lugar para muitas outras saídas
Porque a medida da visão
Não é a mesma da compreensão
E por seu gesto de humanização
Mesmo que não seja como uma obrigação
Marcará sua vida em outra direção
Não dê aos outros o que não deseja para você
Faça diferente o que não reconhece ser
O soluço de quem endurece a alma
Buscando resposta para os seus porquês
Pode ser o mesmo soluço
Daquele que sofre sem merecer.

Do muito que aprendi

Quando já estava querendo esquecer
Aqueles a quem tentei tanto convencer
E já um tanto cansada de na mesma tecla bater
Resolvi mais uma vez tentar reverter
Sei que todos têm o livre-arbítrio
Para suas escolhas assim fazer
Mas a consciência de educadora
Sabe quanto pesa deixar de fazer.
Do muito que aprendi, o ser é ver
E o ver é fazer ver
Do ignorar quero distância
Porque creio no saber
Do quarar ao Sol tirei a brancura
De espaços sombrios a leitura
Da vida no geral, alegrias e amarguras
Buscando formatar outras estruturas
Sou cientemente persistente
Porque acredito que no transcorrer
De um projeto e outro
É possível ver que diferenças existem
E que é no diferenciar
que semelhanças e diferenças
Podem se encontrar
Minha meta é buscar perspectivas
Para essa diferença estreitar

Se você ainda não enxergou,
Dá tempo para enxergar
Porque pelo muito que aprendi,
O ser é ver e o ver é fazer ver
O fundamento do meu insistir
Está no meu pensar,
Mas o alcance do seu lugar
É você é quem vai conquistar
Se não se permitir mentir para agradar.

Quem sou

Sou aquela água calma

Em uma correnteza

Querendo chegar

Para marcar bem um tempo

Que a vida guardou e agora quer mostrar

Escorre pelas minhas veias

Nada é alheio, tudo é meu, sim!

Desnuda toda a minha vida,

Mostra as feridas que o silêncio guardou

Mas nada foi proposital

Nem para o bem nem para o mal

Foi um olhar em mim

Para mostrar que a vida

Honra até as feridas sem escandalizar

Quem diz isso é o tempo

Que escolhi da vida para a todos mostrar

Sem culpa e arrependimento

Sei que feri alguns

Para esse brocardo mostrar.

Uma viagem

De repente uma estrela nasceu
E ao meu encontro veio para me falar
Aonde quiserdes ir
Vá como presença, plena e feliz
Desfrute dos benefícios
Leve apenas o que cabe levar
Para não perder tempo em arrumar
Sabendo que o sucesso de toda viagem
Só ao final é possível contar.
O que temos em mente são presságios
Dos sonhos que pretendemos realizar
Nas mãos o projeto e um destino
Cercado de sombras e dúvidas
Que a imaginação não sabe adivinhar.
Como toda viagem, é um pacote de surpresa
Muito do planejado pode não se realizar
Porém se for para o bem do destino
Local aonde vai chegar
Ou previsão de futuro
Que ninguém sabe precisar,
O melhor é acreditar que o sentimento
De libertação por essa viagem
Foi a descoberta que nem sempre o que vai
É o mesmo que vai voltar.

A água do deserto faz milagres

Se eu pudesse abraçar o mundo
Apaziguar com o meu abraço
O sofrimento das pessoas boas
E na pessoa má fazer insurgir
Mesmo que vagarosamente
A essência da sua bondade!
Assim o faria e a estes pediria
Para esconder seu pobre passado
E embora não lhe agrade
Trocar a vida para outro lado
Para contribuir com um mundo sem dor,
Sofrimentos e desigualdades
Mesmo que por um momento
Talvez seja o suficiente
Para sentir que um mundo de igualdade
Só se encontra na serenidade
E que esse sentimento gratificante
Só é possível sentir
No ponto mais afastado do horizonte
Talvez quando em um deserto
Tiver que água extrair
Por essa revelação e descoberta
Verá que há necessidade de atingir

O absoluto da criação humana
Consiste em tocar nos seus limites
E aprender com essas significações
É como extrair o sumo da avida
E perceber que valendo-se da inteligência
É possível tirar água do deserto.

Ser poeta

Ser poeta é vender
Em qualquer tempo e qualquer prazo
O que gosta de escrever
É distribuir entendimento por sua opinião
É ter milhões de desejos acampados no coração
Para compartilhar sem muita pretensão
E fazer e refazer apenas por prazer
Sem nenhuma obrigação de agradar
É contar para o sujeito o que
Não vê e não escuta, mas sente no coração
E para espelhar a alma de inspiração
Escreve sem obrigação

A escrita é um destino
De um amor sem conta
Que encanta e sabiamente conta
O que o coração e a mente mandam-lhe contar
Ser poeta é compor com arte e sensibilidade
É transformar o nada em significativo
É debulhar sentimentos e ser criativo
Sem preocupação de quem vai alcançar
E sem pressentimento de notoriedade
Quer espalhar por todo canto
O seu jeito e o seu pensar
Ser poeta é produzir uma canção

E ainda sem som ou melodia
Já sentir o pulsar do coração
Ser poeta é não se ver como único,
Mas como o herdeiro de uma aptidão
Vender não é o caso, mas sim a satisfação
Ser poeta é entender a escrita
Como parte de uma missão
E no que lhe cabe do acervo
Saber que pode não ser sucesso
Nem muito menos ganhar posição
Ser poeta é ser suficientemente grato
Por poder consagrar a vida
De prazer e satisfação
Ser poeta é se deparar com barreiras
De dificuldade e imposição
E sem perder a identidade
Nem os sentimentos de liberdade
Lançar sua escolha sem medo
De enfrentar contrariedades.

Solidão não mete medo

Neste momento sozinha
Pensando no que fazer
A vida cumpre indicar
A tarefa de entender
Que nela nada é definitivo,
Mas tudo tem sentido de ser
A trajetória de cada um
Não pode ser somente prazer
É na diversidade que a vida
Nos impõe escolher
Enquanto tento escrever
Traduzir o desconhecido em mim
Na distante viagem sinto
Ao dizer-me o que preciso
Que prestei mais sentido na existência
Do que mesmo o que nela tenho a fazer
Somos escravos da moda
Do uso passageiro de quase tudo
Vivemos em função de muitas coisas
Esquecemos de nós, pessoa
No lugar, no tempo e no prazer
Da vida social roubou a intimidade
Até o que não deve vender
Paz, sossego e tranquilidade

Mesmo assim sigo procurando
Para minha vida inocentes
Instantes de vida relevantes
Meu porto seguro são meus sentimentos
No reabrir da janela de cada dia
Chamo os sonhos e a alegria
Para envolver minha esperança
Brinco com as palavras e fantasias,
Mas escrevo com a consciência
Que da essência da vida
Todos precisam ter ciência.

A vida passa

A vida tem seu destino já traçado
Basta seguir o proposto indicado
Saber que entre uma noite e um dia
Há presente e passado, futuro é outro dia

A vida estampa sonhos tão desejados
E num projeto emaranhado começa nossa missão
Para atingirmos a sua compreensão
Precisamos aliar corpo, mente e coração

A vida é um laço de inspiração
Que enrola o corpo pra aquecer o coração
Para viver com a grandeza do saber
E em meio às tempestades da razão não se perder

Todos os dias temos o que aprender
Buscando institivamente ou no livro do saber
Para alcançar sua própria condição
Com sentimento de mundo nunca esquecer o irmão.

MARIA FERREIRA SILVA

A poesia é um rio imaginário

Foi por "bem perdido" que o tempo ajudou a secar a saudade, e por suas lembranças e lágrimas, justificar em querer deixar este retrato.

A poesia sempre esteve na minha vida, mais do que um gosto, é uma motivação extraordinária; surgiu e fez-me um convite para com ela viajar.

Para viver esta aventura, eu precisava soltar o coração e a imaginação. A preocupação em visitar esta terra desconhecida deixou-me um tanto sitiada, entre o ir e não ir. A ideia sugeria alguma coisa com um sentido amoroso e eu, atada a um limite que nunca foi meu, mas sempre precisei acatar, resolvi ir dar vazão e fazer dessa fatalidade chamada de desejo um preparativo para viver este acaso.

Sem esquecer que uma pretensão desse tipo pode ser frustrada por armadilhas, ludíbrios e fugas do coração, vi esse amor nascer, eu um tempo já não mais sonhado, por isso mesmo o seu valor simbólico tornou-se uma mistura medrosa. Pedi à consciência permissão até mesmo para declarar a sua morte, desde que não tirasse de mim a expressividade de poder falar dele, com todos os sentimentos que um coração tem direito.

O sentido existencial transmitido pelo coração concluiu que o gosto por um desejo não pode estagnar; deve seguir o seu curso, independentemente dos percalços. Foi aí que resolvi juntar os frutos do passado ao presente e, sem perder a qualidade da origem, renascido da ideia de que o amor que nasce tarde tem um futuro breve, inspirou-me pela poesia que só ela seria capaz de traduzir os impactos desse amor.

UM RIO DE SONHOS E MISTÉRIOS

Um chamado de atenção

Fiz muito para chamar sua atenção,
Mas por traz do seu disfarce
havia uma evidente intenção
Em confundir e omitir sentimentos
E deixar uma discórdia de entendimento
Sem dar nenhuma explicação.
Era demasiadamente carismático,
A sua intensidade
Parecia abraçar de doçura
Toda a humanidade
Mas a sua exterioridade
Tinha muito de inverdade
Disfarçado de cordeiro
A quase todos enganava.
Cheio de mimos e dedicação
O seu teatro chamava atenção
Quando misturava romantismo
Com cumplicidade, conquistava
Até quem não imaginava
Olhos, ouvidos e pensamento
De quem esperava distinção
Se rende à mágica do entendimento
E parte em outra direção
O sentimento desejado
Que se perdeu do imaginado

foi desejo vislumbrado
Sem promessa e prenúncio
de comprimento e de obrigação
Esse estado confuso e misturado
Por aquele desejo imaginado
Ainda perdura lá pelo passado
Voando a todas as alturas
Procurando nova direção
Esses amores inacessíveis
Servem para fazer entender
Que por vezes um bem perdido
Pode ser uma conquista
Por outro entender
Sua sedução já dizia
Que seu jeito de chamar atenção
Tinha um ponto de fraqueza
No fundo do coração
Era por parecer amor
Que não dava atenção
E porque ele nasceu do vazio
Sem a sua contribuição
E para não ferir nem magoar
A melhor medida era ignorar
E desafiar o outro com ingratidão.

MARIA FERREIRA SILVA

Um amor incongruente

Este amor incongruente
Que não sai da minha vida
Parece mais uma ferida
Que não consigo sarar
Todo remédio é insuficiente
Todo cuidado é inconsistente
E sem a menor explicação
Sinto ele se alastrar
Chegou devagarinho
Marcou com seu jeitinho
E conseguiu se agarrar
Trouxe cheiro de paixão
E no meu chão conseguiu fincar
Marcou pelo tempo que queria
Para semear o canto em verso
E pela beleza da canção
Conseguiu me conquistar
Plantou também um jardim
E dele tirou o cheiro
Para me perfumar,
Mas em pouco tempo largou tudo
E o mundo ficou mudo
Sem emoção para cantar
Minha alma enroscada de estima
Ganhou uma nova sina

De outro mundo ir buscar
A falta de cuidado
É um gesto de malquerer
E a semente do bom senso
Nos faz sujeitos de regulamentos
É preciso plantar a semente
Molhar terra, tratar e assistir
Para ela poder subsistir.

Dor de amor

Toma um pedacinho da minha dor
Transforma ela em amor
Manda de volta por um beija-flor
Para acalmar um velho coração
Que um dia tanto te amou.
Toma um pedacinho da minha dor
Um tanto, já cansada de esperar
Dormiu, sonhou, acordou
E entre a luz do dia
E uma nuvem de esperança
Descobriu que nem tudo
Que se deseja se alcança.
Toma um pedacinho da minha dor
Embalada de ansiedade
Procura uma oportunidade
Para entender que a espera
Dói em qualquer idade.
Toma um pedacinho da minha dor
Que a nada deste mundo se iguala
É difusa na claridade
Tem reflexo na escuridão
E pelo desprezo ou pela ternura
Aquilo que não se perdoa
Ainda ganhou perdão.

O sentido de um amor

Não fique triste sofrendo
Pelo amor que morreu
O coração é uma casa
Que só abriga o que é seu
E nesta nova morada
Só cabe aquilo que é meu
É um novo tempo agora
Quero pra mim, é só meu.

Livre de mágoas passadas
Despacho tudo que é seu
Pode seguir seu caminho
Que vou seguir pelo meu
Quero encher a vida madura
De sossego e tranquilidade
Viver de agora em diante
A essencial liberdade.

Que eu perdera tão fácil
Por este amor desigual
Que confundiu o sentido
E me deixou muito mal
Morta vivendo um amor
Possuidor e desigual
Que agora eu entendo
Veio só para fazer mal.

MARIA FERREIRA SILVA

Meu querer

O meu querer
Foi um tropeço em uma magia
Foi uma espécie de agonia
Um sentimento pleno e vazio

Foi um saber
Dessa espécie de pacto sombrio
Sem cor, sabor e nenhuma alegria
Porque só tinha uma companhia
Esse querer
Foi uma espécie de utopia
Tinha desejos e sonhos, fantasias
Um absurdo que não se cumpria
Foi um querer
Que nasceu de uma forma tão rara!
Andou depressa como a Lua clara
E em pouco tempo tudo se apagou
Esse querer
Foi fragmento de uma tempestade
Sobreviveu ao tempo e à estrada,
Mas no chão duro não se incorporou.

Amor não é invenção

O amor não é uma invenção
É uma força que move o coração.
Gira o mundo em muitos sentidos,
Mas nem todos dá para abraçar!

Planta no fundo da alma
Lembranças que grudadas vão ficar
De um jeito que tira o sossego
Para marcar esse tempo de amar.

Para guardar essa nova sensação
Plantada no fundo do coração
Sem dar tempo de entender a sua lógica
Ver somente como instantes de ilusão.

Significado em torno dele tem um montão
Pode ser sonho, ideia, realização
Pode ser a extensão de cada um
Ou ainda um motivo para distração.

Paixão

Quando a gente se apaixona
Consolo de amor já é uma certeza
A vida ganha tom de aquarela
Matiza o mundo e tudo fica belo
Mas é preciso a compreensão
De que uma paixão é só disposição
De que um amor verdadeiro
Tem outro sentido para coração

Quando a gente se apaixona
Utiliza a dúvida pra viver o mistério
Tudo envolve uma loucura
E a imaginação tem força de quimera
Para envolver o coração
E assim plantar uma aspiração
Só precisa envolvimento
Para viver feliz
Todos os seus momentos
Sem nem um sofrimento

Faço da expressão da alma
Uma breve ressalva para este tempo
Pelas confissões ingênuas
Faço meu caminho todo em silêncio

Para dizer que a paixão
Não é verdade, é uma condição
Que tira a liberdade
Assoberba o corpo e o coração.

MARIA FERREIRA SILVA

Pensamentos vãos

Penso em ti diariamente
E sobrevivo neste pensar
De como é o teu dia
Se sombras te torturam
Se vives amarguras
Ou se vives como faz ver
Uma vida cheia de fantasia,
De alegria e de prazer
Não penso só por pensar
É por querer ter a ciência
E mesmo sabendo que é
Um tipo de ingerência
Entreguei meu coração
Ides-vos para alcançar
Avisai que amo
Que em mim sobrevive
E mesmo sendo silêncio
Sem tempo e sem rastro
Nos meus pensamentos vãos
Ainda não são esquecimentos.

Ausência de palavras

Havia um silêncio que incomodava
Era a ausência da palavra
Era como um rio
Que devagarinho escorria
Passava por lindos caminhos,
Mas nunca ao seu destino chegava
Havia um silêncio que desgostava
Era a ausência da palavra
Era como o desfolhar da planta
Que os seus sinais no chão deixavam
Pareciam desperdícios,
Mas tudo aquilo se aproveitava
Havia um silêncio que não aceitava
Era a ausência da palavra
Era como o vento leve
Que trazia pela brisa o frescor
Vindo de perto ou de muito longe
No percurso se transforma em calor
Havia um silêncio que aborrecia
Era a ausência da palavra
Por esse improviso de amor
Os sonhos que foram sonhados
Nunca foram realizados
Havia um silêncio que desgostava

Era a ausência da palavra
Parecia uma gaivota querendo chegar,
Mas como a pretensão era de um gavião
Envergonhado resolveu se retirar.

Ausência de presença

Nunca se entregue à fraqueza
De não entender um amar.
Se for pela ausência de presença
Ou por silêncio de palavra
É sábio o edifício edificar,
Mas se for por não saber amar
O tempo na medida certa
Vai saber lhe ensinar
Porque o amor pode ser uma hipótese
Que pode ou não se realizar
A busca de uma contestação
Bem como de uma afirmação
Ressuscita coisas que por vezes
Até Deus fica para explicar.
Se for preciso esquecer
Pela incerteza do valor
Que tinha esse amor!
Ache-se! Mesmo que seja
Na reticência do que ele foi...
Amor não deve ser sacrifício
Nem um jogo sem valor
Amor é uma composição de sentimentos
Em um estado de comprazer
Um patrimônio de valores

Que desafia o dar e receber
Não é apenas benevolência
Nem emprestar solidariedade
A quem garante amor de verdade.

Dois em um

Fomos dois em um pela força do destino
Por um bom tempo seguimos por este tino
Não foi por nosso desejo,
Mas por um desejo em nós
Ele chegou por uma força estranha
Acomodou-se no nosso ninho
E mesmo sem ter sido acolhida
Essa condição excêntrica permitiu ficar
A grande dificuldade
Foi caminhar nessa companhia
Pela força da vitalidade
Pelo modo de desigualdade
E pelos significados e emoções
Que queria a qualquer custo
Dar sentido ao que nenhum
Compreendia sentir
Um lado era simplicidade
O outro era exuberância
Um lado era amizade
O outro era indiferença
O ponto cego era sentir dois seres em um
E dar sentido ao que coincidiam sentir
A ausência de realidade trazia
Um estado de confusão
Quase tudo parecia ser verdade,

Mas se escondida por uma força misteriosa
Não mostrava sua verdade, não!
Tinha cara de bondade,
Mas era pela maldade
Mostrava sua força e disponibilidade
Trazia o outro para atacar pelo cisco no olho
E uma lágrima pelo rosto se espalhava
Para dizer com força: Estou aqui!
Vim para lembrar que desse amor não vai se livrar
Essa imersão espiritual
Banhava corpo e alma
E sem fazer nenhum alarido
Resgatava e/ou retribuía
O que no passado ficou um dia.
Sem entender os desafios
Dessa maneira imperfeita de amar
A reflexão sobre todo esse viver
Que muitas vezes ansiei saber,
Mas optei por ignorar
Guardei em espaços desconhecidos
Sem fundamento, mas com um sentido
Que a lágrima que me abordava
Tinha uma luz que me alumiava
E um sentimento de amor, de dor e ausência
Me trazia como se fosse uma "presença"
E mesmo me ardendo do desejo de libertação
Cedia ao consentimento do coração
Não era pelo meu desejo, mas pelo desejo em nós
Para todo sonho sonhado

Penso que há uma fórmula
E um lugar onde encontrar
Foi buscando na força dessas coisas
Esquisitas, perversas e desconhecidas
Que esse mal-entendido sobre mim
Trouxe revelações:
O outro em nós pode ser somente imaginação
Pode ser também desejo e oblação
Pode ser, ainda, uma dívida procurando compensação
Em um molde não preciso foi possível:
– Caber as tempestades e calmarias
– Os difíceis dias que se seguiam
– Alegria acima do imaginado para tantos dias
– E a liberdade para viver o real e o imaginário
Tudo parecia forte e frágil, luz e escuridão
"ASSIM FOMOS DOIS EM UM"
Sem motivo para acreditar nem para duvidar
A procura do verdadeiro encontro em nós
Mostrou ter apenas um em si,
Porque o outro não tinha voz.

Uma força estranha

Um certo dia
Sem nenhum encontro marcado
Nas ondas do acaso e sem nada procurar
Encontrei você neste lugar
Como se fosse uma repetição
Uma força atiçou meu coração
Enquanto figura de um tempo
Não podia ser só coincidência
Por isso mesmo sem a ciência guardei
Envolvi-me de todos os cuidados,
Mas da presença passageira não me livrei
Essa força malvada quis chamar atenção
O longe, perto ou impossível
Para ela não existia, não!
Apesar de todos os cuidados
Foram os meus olhos quem me ofereceram
Este paraíso de ilusão que corresponde:
À marca de admiração por um ídolo
E à procura pela sua verdade
Alegra-te! Essa joia perdeu o seu lugar
Porém por mais perto ou longe que estejas
Essa força ainda maneja o meu pensar
Já no coração não sei o que ainda há!

Presentes da vida

Já fiquei na vida muito tempo a pensar
Sobre estas coisas que ela me traz
Sem eu nunca lhe pedir
E que são inúteis ao meu pensar
Agora mesmo estou tentando entender
O sentimento bastante desconhecido
Que chegou por um aviso
Querendo o meu abrigo
Sem eu estar pronta para receber
Chegou bem devagar
Para no meu coração se alojar
E já no seu assentar
Viu que este coração
Não era de brincadeira, não!
Era tão verdadeiro
Que assustou sua disposição
Gostava das coisas sérias
De tudo que cabe dentro
De uma relação sincera
Aquela que não se esquiva
De ser presença não por uma sentença,
Mas para desenhar
Um enredo que lhe pertença
Qualquer relação que não caiba trocar
Fazer reajuste para melhorar

Este coração aqui não suporta
Nesta relação ficar
Peço para a vida me excluir
Dessa colheita surpresa que não pedi
A minha solidão é uma intensa variedade
Não troco ela por malmequer nenhum
Mesmo que a plantação seja dois em um
A colheita deve ser um a um
Um pra mim e um pra você
Para a relação poder sobreviver.

Lembranças

Do amor que eu perdi
Não quero nem as lembranças
Não quero sentir saudades
Nem sentimento de vingança
Quero esquecer sem nada forçar
Com o sentimento de bondade
Que coube no coração
Com a leveza de uma fuga invisível
E o desejo de lembrar somente
Os instantes mais sensíveis
O coração agora é uma casa cheia
Do suave aroma que ficou
Da figura do tempo inspirador
Que desejo em mim guardar
Com a alegria da casa que quero
E do mundo ao qual pertenço, mereço
Os fragmentos de um sobre o outro
Ganhou formato de passado
À medida que cada um
Escolheu ir para o seu lado
Daquilo que não havia cumplicidade
Nem firmeza de sentimentos
Parece ter sido convertido pelo contrário.
Para eu não mais sentir saudade
Quem vive de fantasia é pensamento

Que alimenta a alma de sonhos
E no seu juízo ideal confia
Que o bem está sempre acima do mal
E que o mal é prejudicial
Porque mesmo quando a malícia
Se disfarça de bondade
Ele não encara como desigualdade
Firmei uma guerra comigo mesmo
Para dar um basta a saudade
Por entender que amor não é inanidade
É presença, é carinho, é unanimidade.
Pode não estar na palavra
Para não deixar de ser segredo,
Mas o coração tão íntimo
Confiar em um estranho
É arriscar desvendar
O seu próprio segredo.

Incerteza

O incerto me abordou um dia
E cheio de alegria
Ofereceu-me inspiração.
Tomada por indecisão
Fiz questão de consultar
Meu inocente coração.
Que acha desta proposta?
Não parece uma tentação!
Entre a dúvida e a verdade
Só existe uma solução
É viver para crer!
Ou viver por viver!
Sem a certeza do haver
Olho nesta direção
Vejo silêncio e escuridão
Conquistar o imprevisto
Que fascina, mas não ensina
É brincar com a própria sina
É brincar de riqueza na pobreza
Sem nada prometer.
Pode ser um longo caminhar
E em direção contrária
Para a um destino certo chegar
Pode ser empurrar
As inquietantes dúvidas
Para a verdade chegar.

Tentação e prazer

A tentação do prazer
Move o sentido da vida
Faz a gente comer além
Faz a gente buscar aquém
Faz sentir prazer em judiar de alguém
Faz ter ganância por um bem
Faz a vida ir muito mais além...
A tentação do prazer
Pode nos tornar mais humanos
Ou mesmo desumanos
A depender do sentido ou do plano
São sentimentos e disposições
Que se justificam:
Na abundância ou na escassez
Na paridade ou na desigualdade
No entendimento ou na ignorância
É uma medida que não cabe sentença
Porque poucos conseguem deter
Está nos muitos recursos da vida:
No comer, no comprar,
Na vaidade, na violência,
No prazer em satisfazer e judiar
É um prazer veemente
Que não adormece
Em um canto esquecido
Porque é ansioso e estressado,

Mas vive a solidão pela incapacidade
É forte pela força que dele brota
No momento do impulso da atração,
Porém se mostra um fraco
Em resistir a uma tentação.
Não sei dizer quanto dura
O tempo de uma paixão
Pergunto a mim toda hora
Em meio a uma indefinição
Querendo encher a alma nova
Com outra ocupação
Que não maltrate e judie
O meu pobre coração.
Não sei, não
Lidar com essas pendengas
Que deixa a gente molenga
Com as coisas do coração
É um jogo
De expectativa e aparência
O mais forte neste verbo
É o que se joga no amar.
Paixão não é uma maldade
É um jeito de amar
É um encaixe sem jeito
Que não dá pra confiar
Caminha pelo contrário
Para a beleza expressar
É quase uma intuição
Para o amor não se firmar.

MARIA FERREIRA SILVA

Espera

Quantos passos ainda terei que caminhar
Para pisar em chão firme onde possa te encontrar
Falar de tudo que sempre quis lhe contar,
Mas a vida impediu para não me magoar

Neste lugar pode ser que haja ainda
Tempo para se plantar, cuidar com amor
Porque a vida, depressa ou devagar,
É quem escolhe o nosso caminhar

Espero em Deus a recompensa de encontrar
O que há tempo procuro e não sei onde está
Pelo silêncio caminha sempre ao meu lado
Cada vez mais retraído para não ser encontrado

Tempo assim merece ser desvendado
Para resgatar as dúvidas e ganhar a liberdade
Que se perdeu nos passos da caminhada
No giro desse universo querendo algo inalcançável.

Quando de uma paixão

Quando a gente se apaixona
Consolo de amor já é uma certeza
A vida ganha tom de aquarela
Matiza o mundo e tudo fica belo,
Mas é preciso a compreensão
De que a paixão é só disposição
De que o amor verdadeiro
Tem outro sentido no coração
Quando a gente se apaixona
Utiliza a dúvida pra viver o mistério
Tudo é imaginação
E por força da ação
Transforma o mistério
Pra marcar uma condição
De amor, paixão ou desilusão
E poder plantar pra sempre
Toda a semente de inspiração
Para viver e também colher
Todos os frutos dessa relação
Para alegrar, estimular
E assim plantar um novo tempo
E uma nova inspiração
Quando a gente se apaixona
Para viver melhor todo esse envolvimento
Sem medo de enfrentar o que o tempo traz

Para todos os momentos
É preciso se entregar
Ter força e luz e discernimento
Pra entender que uma paixão
É uma expressão de intenso sentimento
Para viver tem que aprender a se refazer a cada situação
Tem que amar e comungar, distribuir também obrigação.

Traição

Não se iluda demais com um amor
Pense que todo ele tem um interior
Este lugar invisível que escapa à vista
Que compacta o coração de emoção
Que não tem prazo de validade,
Mas é uma caixa de imprecisão

É dentro de nós que as coisas são
Bondade, maldade, inspiração
Este lugar onde se arquiva toda ciência
Pode conter diferentes armações
Não tem cartilha nem manual que ensine
A não cometer traição

Sinto até tristeza em ver certos tipos de traições
Em horas tão difíceis, que dilacera o coração
Quando o outro esquece o tempo, o amor e a condição
E atravessa a rua de costas para sua companhia de até então
E sem a poesia para o instante mais legítimo
Segue sem tristeza, arrependimento e compunção.

MARIA FERREIRA SILVA

Medo de uma luz

Quem é esta luz
Que está no meu viver
Está no dia e noite
Não sei compreender
Quem é esta luz
Que tenho que viver
Parece um movimento
Com intenção de me ver sofrer
Quem é esta luz
Com sentimento de uma cruz
Da qual não sai pensamento
Judia e ao mesmo tempo seduz
Quem será esta luz
Que está em todos os meus dias
Por vezes como uma verdade
Por vezes como uma fantasia
Quem é esta luz
Que não escolhi viver
Veio por um amor e não
Mais saiu do meu viver
Quem é esta luz
Que me deixa na escuridão
Parece iluminar a alma,
Mas não pego com a mão
Quem é esta luz

Que parece fragmentos
De alguma coisa que seduz,
Mas não cumpre o provimento.
Quem é esta luz
Que se alastra pelo encanto
Está no dia a dia
Em todos os meus cantos.

Por uma cartomante

Fiz milhares de besteira
Envolvi-me de uma cegueira
Que não dá para acreditar
Por um amor
Caminhei pelo escuro
A sonhar com um futuro
Que me levou pra soçobrar
Foi o amor
Mais estranho de uma vida
Trouxe mágoas e feridas
E mais desejo de amar
Ficou presente
Num universo tão ausente
Como querendo um sentimento
Para o amor alimentar
Uma cartomante revelou há muito tempo
Que um dia em uma viagem
Este amor ia encontrar
Não dei a devida importância
Para o que disse a cartomante
E em um tempo tão distante
Este amor fui encontrar
Encurralada
Na parede dessa verdade
Por um baralho jogado

Tento de tudo para não crer,
Mas verdade da cartomante
Tem um sentido
E por um falar ao meu ouvido
Provocar o amor entender.
Coisas da vida
Para chamar nossa atenção
E sem nenhuma explicação
Ganhar razão no coração.

Paixão não é maldade

Não sei dizer quanto dura
O tempo de uma paixão
Pergunto a mim toda hora
Em meio a uma indefinição
Querendo encher a alma nova
Com outra ocupação
Que não maltrate nem judie
O meu pobre coração.
Não sei, não
Lidar com essas pendengas
Que deixam a gente molenga
Com as coisas do coração
É um jogo
De expectativa e aparência
O mais forte nesse verbo
É o que se joga no amar.
Paixão não é uma maldade
É um jeito de amar
É um encaixe sem jeito
Que não dá pra confiar
Caminha pelo contrário
Para a beleza expressar
É quase uma intuição
Para o amor não se firmar.

Verdade nua e crua

Faltou coragem pra dizer
Que esse amor existia
Instalado no coração
Dia e noite, noite e dia
Era um tecido rendado
De amor e fantasia
Que cobria o corpo
Toda vez que ele pedia
Impossível a comunhão
Por medo de confissão
Uma regra assimilada
Pelo próprio coração
Para punir o desejo
De viver essa ambição
Um pecado disseminado
Só por uma condição
Faltou um pouco de ousadia
Para o silêncio quebrar
Contar da sua agonia
E do medo de revelar
Do Lovelace da conquista
Para ao seu mundo contar
Pedir uma permissão
Para o amor não ignorar.

Acordar com o tempo

A vida tá diferente
Daquilo que planejei
Com a solidão do silêncio
Eu ainda não conversei
Quero dela uma proposta
Pra afastar um amor
Que se perdeu no caminho
E meu coração não deixou.
Quero fazer um acordo
Para outro tempo viver
Largar os sonhos perdidos
Sem reclamar nem sofrer
Deixar de tanta cobrança
Pra libertar o coração
E da incerteza do acaso
Absorver a lição.
Nunca sonhei tanto assim
Em ter minha liberdade
Deixar o tempo levar
Até o que deixou saudade
Da inspiração e do vazio
A fotografia da ausência
Foi um estado de amor
Que ficou na consciência.

O que ficou para trás

Pra deixar um velho amor
Fiz muitas estripulias
Chamei o meu coração

Pra desfazer o que não mais queria
Sem pensar em uma vingança
Fui prometendo para mim
Que esquecer um velho amor
Não era dar à vida um fim.

Era apenas um recomeço
Pra plantar outro jardim.
Um terreno fecundo era o propício,
Mas encontrar esse solo não foi tão fácil assim
Foi preciso com cuidado olhar para o fim!

Penso que ainda há uma sobra de amor
Esperando por um momento ideal
Pra dizer ao coração que não se iluda mais, não
Porque o que já sofreu
Foi o bastante para um nunca mais, não!

O amor não é folguedo para se brincar,
Eu tirei do sentimento que vivi
E o meu grande aliado foi mesmo o coração,
Quando entendeu não haver mais tempo nem razão.

Um estranho acontecimento

Este acontecimento que não sai da minha vida
É como uma tempestade que veio para ficar
Entrou de vez e por uma única vez
Marcou o tempo queria
E não quer mais se desagarrar

Trouxe bem forte o cheiro de uma paixão
Semeou canto em verso para beleza da canção
Plantou um jardim todo florido e perfumado,
Mas deixou sem cuidados para sua manutenção.

Para viver era preciso ter cuidado
Enroscar a alma de alta estima
Fazer coisas que agradam o coração
Como carinho, cuidado e gratidão

Nada disso foi feito para o coração
E o sabor de amor virou decepção
A alegria que nutria a relação
Virou tristeza e decepção,
Mas a compreensão de que para aprender
A dar-se ao outro na vida
Requer da vida iludir o coração.

Hoje foi para pensar

Hoje foi para eu pensar
Que aquele amor antigo não veio para ficar
Foi uma passagem rápida
Que não consegui em nada sustentar

Dela não sentiu saudade
E nenhuma vontade de querer voltar
Só foi uma coincidência
Que marcou o outro para fazer chorar

Ser um sonho no escuro
Pra viver escondidinho, só no coração
Revolto no universo
Seu sentido foi reverso de revelação

Foi um feito inventado pra não ficar pronto
Pra achar que esse amor era como uma criança
Que inocente sempre esconde a sua vingança
Para não mostrar a calma sem ter confiança.

MARIA FERREIRA SILVA

A vida é um sopro

Não somo donos do tempo
Não somos donos de nada
Tudo parece um empréstimo
Mesmo quando conquistado
A ganância de nada serve
Se daqui não levamos nada
Vamos acordar para a vida
Porque a morte
É o que temos de mais certo
Esse mistério se estabelece
Logo na chegada
Dura por um tempo não imaginado
E finda na eternidade
Munido de espiritualidade
Não veio provido de bens,
Mas inclina o viver a perseguir
Ter riqueza e poder
Sinto até desânimo de ver
A luta de alguns no esforço de ter
A vida voltada para o lema
Luxo, poder e prazer
Sem lhe dar tempo de entender
E sem licença e autorização
A vida pode dar adeus
De tal maneira

Que amarga atravessado
Na garganta de quem fica
Instala no pensamento
O que é a vida?
Tempo, sonho, realização?
É uma fábrica de sonho
Ou um projeto de realização?
É a singularidade de cada um
Buscando sua obra desejada.

MARIA FERREIRA SILVA

A vida é quem decide

Queria um dia destes
Eu poder te encontrar
Sem ter que marcar encontro
Mas nele poder falar
Do que guardo comigo
Em um papel dobrado
Que dorme há anos
Esperando uma oportunidade
Para tudo lhe revelar
Da missão sem gosto e sem graça
Queria me livrar
Ou então botar gosto
E dar para você provar
Porque a vida faz coisas assim
Sem precisar de um sim
Por vezes toma um lugar

A vida é quem decide
Manobra com facilidade
Sobre a busca, o prazer e a convivência
E é que determina seu seguimento
E sem roteiro para agradar
Nem ouvir argumentos
Toma suas atitudes
Marca pelo olhar profundo

Suas potencialidades
Transforma a natureza das coisas
Pelo seu querer
E a condição humana não tem o que fazer
Senão obedecer.

MARIA FERREIRA SILVA

Este amor fez história

Este amor que fez história
E deixou até o silêncio surdo
Não se calou por mudança
Deixou se tornar uma herança
Mesmo sendo simples,
e fácil de resolver
Seu propósito de, no silêncio, guardar
Não foi suficiente para me calar
Sem se deixar de mostrar
Foi a parte mais feia,
Mas como algo alheio que me pertenceu
Eu quis dizer sobre o que penso
Para nenhuma mágoa guardar.
A sublime e meiga esperança
De ver tudo absolvido
Foi um feito realizado
Para deixar bem guardadas
As significativas lembranças
Agora não quero mais perder tempo
Nem guardar vingança
Do seu amor não me esquecer
Somente o que foi confiança
Lembrar o bom de nós dois
Sem compromisso e aliança.

Sua história mal contada
Desfecha infinitas visões
Revela ao mundo uma figura de valor,
Mas repercute na vida
Como uma planta sem raiz
Pedindo para morrer
Sem ter direito a bis.

Maldade e sedução

Existia uma sedução
Que envolvia meu imaginário
Eram presenças e ausências
Que me deixavam sem saber se eu e ele
Sentíamos a mesma essência
Que transitava em estado de pureza.
Fascinava e perturbava.
Insistia, persistia, mas eu resistia.
Falar o que era não sabia.
Inventar não devia!
Enquanto vivia à procura de resposta,
Não sei quantas vezes tentei
Do fantasma me desvencilhar.
Arrastada por tempo e constatação
Pude encontrar sua utilidade,
Causar discórdia e muita confusão.
Tentei, com paciência, encontrar
Uma resposta convincente.
Para aquilo que nem a vida
Sabia me responder
Porque conhecia a história
E sabia que ela não tinha
Como de fato se esconder.
Sua força era tão presente
E sua presença tão autoritária

Que exigia não confiar
Às confidências nem ao imaginário.
Seu gosto de amor, maldade e sedução.
Tirava da vida o sublime prêmio da liberdade.
Mas todo dia parecia me "abraçar",
Mas tirava do abraço a força
Na medida exata de que eu precisava
Para poder me libertar.

Um contra outro a favor

Aquilo que você imagina e acontece
Pode ser o mesmo que deseja
Mas não acontece
Pode ser nós eternamente
Apenas por um segundo
Pode ser metade de nós
Valendo por meio mundo
Pode ser alegria de viver
Sabendo que vai morrer
Pode ser um amor intenso
Sem nenhuma certeza de ter
Pode até ser infinito enquanto dure
Mesmo que seja por um segundo
Pode estar só no espírito
Mas o corpo sentir inteiro
Pode ser desconhecido
E a alma ter sensação de verdadeiro
Pode ser um estranho
E ser conhecido no mundo inteiro
Pode ter sido leve no passado
E no presente ser pesado
Pode ter jeito de solidão
E na essência sentir-se uma multidão.

Silêncio ou segredo

Descobri que este silêncio
Era tão meu quanto seu
Quando vi nos seus olhos o espanto
Tentando calado segurar sua reação
Confesso que fiquei descalça
Naquela realidade
procurando chão para pisar
Imaginando que o seu enfado
Tinha meu coração para carregar
Viu essa verdade extravasar
O limite da razão e do coração
E sob os desígnios de Deus
Aguentar essa condição
Somente por acreditar
Que esse amor era lindo
Porque não sofria por falta de opinião
Era puro e casto
Porque nossos corpos não se entregavam
Em nenhuma condição
Era cadente aos olhos do céu
Mas nem de longe se arriscava
Tomar outra decisão
Toda intenção parecia vaga
Porque o silêncio que bania a palavra
Era o mesmo que governava o coração

As evidencias da descoberta do amor
Mostrava que a minha certeza,
Não era uma vaga viagem
Era um retrato natural
Do absurdo desse amor existir
Sua transitoriedade mostra sua figura
Aquela que sempre acreditei ser
Do concreto muito pouco
Do abstrato quase tudo
Pois foi assim que um silencio tão perfeito
Que disse tudo sem balbuciar uma palavra.

Todo amor merece atenção

Todo amor merece uma atenção
Até se chegar a uma conclusão.
De que ele não existe, é algo fictício
Que só existe no pensar e no coração
É quase uma verdade
Mesmo sendo inverdade
Para contrariar o que diz o coração.
Por isso mesmo não se apegue à ilusão
A um sonho de melancolia e enganação
Caminhe com a verdade
A sombra da igualdade
Mesmo que esta seja também dubitação!
Porque todos os caminhos
Que levam a este destino
Merecem ser olhados com muita atenção.
Se for mexer com as coisas do coração
O sentido tem que ser redobrado
Porque o amor é insuficiente
Para definir certo e errado.

Crônicas e/ou coisas parecidas

Este apêndice visa apresentar o conteúdo deste capítulo. São na sua maioria textos pequenos e narrativos, os quais denomino de crônicas e/ou coisas parecidas. Pauto temas diversos, quase todos são conversas, cujos elementos expressam pelos sentimentos fatos e eventos de uma rota cotidiana, dentro dos costumes habituais à casa, ao trabalho, ao entretenimento e demais...

Sem deixar para trás minhas motivações, sensibilidades, convergências e divergências nos relacionamentos com pessoas, inclusive comigo mesma, me situei no universo da escrita para revelar minha parcialidade e imparcialidade. Aproveitando o ensejo, faço o seguinte julgamento sobre mim: *"pouco sei, mas muito quero"*, e esta dimensão me provoca a seguir. Evidentemente, preciso ter claro que minha verdade é apenas meu ponto de vista, e assim exposto, arrisco apontar muitos erros e pouco significado para os outros.

Este projeto tinha outro modelo mais aconchegante, mas resolvi abusar dos fragmentos da própria vida para exteriorizar tudo que aqui escrevi.

Escolhi iniciar o capítulo de crônicas e/ou coisas parecidas com "E DE REPENTE...", o meu lamento sobre a cultura brasileira

Experimentei terminar partindo da invenção de alguns personagens e os seus aspectos e segui alimentando a minha impotente condição humana de cumprir a sina.

Parece mentira, mas querer multiplicar parte desse objeto para dar mais visão ganhou o impacto de refrão, porque os personagens encarnados das suas sombrias maldades repetiam todo dia o seu dito maldoso sem qualquer modificação, e com isso ofereceu papel de destaque a justiça pelas suas injustiças.

E de repente...

Penso que, uma vez tudo ocorrendo no tempo certo, ainda é tempo para eu fazer sangrar este momento.

Foi depois de haver enroscado minha alma em um mundo que articula vida, arte e cultura que me lancei avidamente nas propiciadoras aventuras que as envolvem e, no decorrer do tempo, em virtude da dimensão que é a corrente formativa cultural, senti a necessidade de aprofunda-me para além da experiência por esta abordagem sobre este universo. É verdade que, com isso, tento responder a mim mesma perguntas que estão engasgadas na própria dinâmica que rege o momento da cultura no Brasil. O foco objetiva entender os integrantes, meios e fins, para além dos afetos e das transformações de que a cultura necessita. Creio que o Sol ainda vai surgir e a Lua iluminar a essência da cultura para todos que por ela desejem adentrar.

Sou apenas uma fã que, de agora em diante, vai se aventurar num roteiro cultural. Esse roteiro compreende as conexões entre o artista e a cultura, tornando visível um ponto que não pode ser esquecido: o artista nunca se desvincula da cultura. Esse caminho tem uma dupla dinâmica – artista e cultura. Dupla abrangente, com muitas facetas em sua totalidade. Senão vejamos.

A cultura intelectual é abastecida de mútuas expressões artísticas, como escultura, pintura, cinema, dança e música de boa qualidade. Tem um público genuíno, que é simpático à intelectualidade e responde pelo seu consumo.

A cultura popular é abastecida por pessoas que valorizam os costumes e tradições dos povos e que, mesmo diante de todos os empecilhos, essas pessoas não desistem de fazê-la.

Para além, existe a cultura simplista, que é abastecida por um universo (musical, por exemplo) de baixa qualidade. Compõem esta ponta: forró de banda, sertanejos não caipiras, as ditas músicas bregas e outras.

Essa "forte fragilidade" musical tem um comportamento característico, e dentro do seu estilo está impressa uma sustentabilidade que sufoca os demais movimentos culturais. Não movidos por qualidade, existem pela quantidade em venda e consumo.

O conjunto dessas pessoas têm os mesmos comportamentos; valorizam músicas de péssima qualidade, mas convictos de que estas são suscetíveis ao modismo e podem alavancar a carreira juntas e/ou separadas (solo) pelo mesmo motivo: a mercantilização da música.

Não é à toa que particularmente ocupam-se desse setor. Nele encontram o motivo mais contundente para permanecer, ter a garantia da venda do seu produto. Em suma, a expressão única da arte sobre a qual tão sabiamente falou o gênio de Ludwig van Beethoven: "A música é o vínculo que une a vida do espírito à vida dos sentidos. A melodia é a vida sensível da poesia", está bem distante dessa cultura simplista.

A cultura mercantilizada, infelizmente, é a que está na moda, vive à margem da cultura de valores estéticos mais acentuados, é a responsável direta por um público formado de herdeiros da ignorância musical, capazes de receber de boa vontade tudo aquilo que lhes é oferecido, independentemente de qualidade. Esse público segue a mesma trilha estreita dos artistas e, como verdadeiros adeptos, prestigiam tudo que envolve vida e carreira. São fãs que se deslumbram pelo artista na medida da sua evidência nas mídias, "item" suficientemente forte para transformar qualquer um em estrela. Os fãs adentram esse universo e, destemidos, enfrentam qualquer sacrifício, movidos somente pelo entusiasmo. É uma espécie de recompensa pelo trabalho do artista e uma ignorância ao existencialismo da cultura.

Na contramão dessa corrente, meu caminho tem dupla jornada: falar dos frutos de uma aventura com a consciência do perigo e falar da força motriz da cultura.

Não foi para alimentar mexericos, mas para espicaçar curiosidades. Tudo resultante do desafio de viver uma espécie de "Querer" por um artista e que fez brotar em mim outro desejo – o de adentrar, pelo pluralismo da cultura, mais especificamente, na música, e mostrar a descontinuidade em tantos segmentos, vendo despontar outros tantos.

A proliferação de alguns movimentos, infelizmente, em nada somou à cultura enquanto expressão do belo e do bom. O clima de eterna atração se transforma em fanatismo. O desejo de demonstrar essa fragilidade e o descompasso do que se entende por cultura, da minha parte, mostra que a grandeza da arte não está em megaespetáculos, em cenários grandiosos, na indumentária do artista ou coisas do tipo.

A cultura pode estar na arte de tornar o simples excepcional. O mundo cultural é formado pela diversidade das ações humanas, não se abastece apenas de sofisticação. Pode estar na modéstia, porque se constitui forte nas ideias e no envolvimento do artista. O recurso das mídias na difusão da "anticultura", ao invés de possibilitar avanço, fragmentou outras manifestações, por força do imediatismo, ganhando da própria sociedade o apoio necessário para subsidiar e até impô-la como novidade.

A grandeza da cultura está na sua diversidade, na expressão e na essência particular de um povo. Minha alma dói ao ver tantos artistas descaracterizando movimentos musicais e culturais importantíssimos nalgumas regiões do Brasil. Vejo com muita preocupação o caso do São João do Nordeste, que já destruiu tanta coisa bela. Uma tristeza!

Falar desse movimento, porque me vi envolvida por uma paixão, foi consequência que considero ter seu lado providencial. Ela trouxe um desejo enorme de mostrar, de forma mais contundente, os enleios da cultura na perspectiva de trazer pela minha interpretação uma leitura desse universo.

Apesar de parecer que cultura é somente entretenimento, é nas suas entranhas que se encontra a essência, pelo saber e sensibilidade. Esse aspecto de inquietação referente à cultura nasceu em mim, quando percebi que os eventos naturais já existentes foram sendo substituídos por movimentos dissociados da cultura, com um claro convencimento de vantagem.

Muitos artistas surgiram, provocando um furor musical, alçados ao sucesso por meio desses movimentos carreiristas, entre bandas de forró, movimento sertanejo, eletrônico, funk etc. Destaque, nesse pormenor, para os MCs, segmento que atua geralmente no âmbito de uma comunidade e se consolida por influências positivas e/ou negativas. Entre essas distintas partes envolvidas, há o mesmo sentimento da cultura mercantilista. Não importa a qualidade, o que conta é a quantidade.

A consciência do fazer artístico deveria ser o estatuto de todo artista, independentemente do seu estilo. O compromisso com a cultura, em sua carreira, deveria estar acima da vaidade. Mas ocorre que fazer a travessia da forma devida exige uma postura ética, aliada a ela conhecimento, e isso implica perdas financeiras.

Sinto, no aprofundamento da crise, que a cultura está à beira do abismo. Para transformar o quadro, vai-se requerer a troca de posturas, em todos os sentidos. Graças ao efeito financeiro, muitos se distanciam da essência principal da arte, no desejo "atravessado" de uma carreira fácil.

No universo musical, reduto das altas finanças, muitos cantores ditos "milionários" vivem o exercício figurativo da arte, apartados de tudo o que acontece no seu país. São omissos pelas contingências do trabalho, ou mesmo pelo descompromisso social. Muitos surgem do nada, como se diz, e em pouco tempo abarrotam os seus "shows" com os adeptos da sua música, do seu estilo, da sua postura. É um reduto de consciências alienadas. O compromisso da maioria desses artistas acaba ali, após o "show". E o que lhes garante essa segurança não é a qualidade do seu trabalho, é o excesso de admiração pelo ídolo.

O Artista é uma valiosa peça patrimonial quando ciente do seu papel; a cultura, por seu ofício, não pode ser uma estrutura de alienação, ganância e analfabetismo político. Lamentavelmente, as massas populares, motivadas apenas pelo envolvimento com o artista, seguem como massa de manobra. O que a eles agrada, na complexa natureza desse universo, não é a magia da virtuose, mas a afeição pelo artista e a tendência do momento.

Assumo de todo gosto que não tenho paciência para ouvir quase nenhum desses itens nesses estilos musicais, eles estimulam meus impulsos de repulsa à medida que o desfecho e o acabamento parece ser o mesmo para todas as músicas. A pobreza de melodia, ritmo e harmonia acompanha a composição.

Falta literalidade e a sensibilidade de ver "um luar mais bonito é sempre trocado por uma briga de casal". Parece que tudo começa e termina do mesmo jeito.

Não estou contra a diversidade da música. Meu pensar crítico é no sentido de reexaminar a valorização exagerada desses estilos, bem como os seus efeitos para a cultura, dando-me o crédito de educadora, como uma fiel defensora da cultura.

Penso que produção musical brasileira necessita de reflexão crítica, ética e teórica sobre o seu momento atual. Essa veia cultural que consolida tantos cantores/compositores sem um gênero musical específico parece ser a mesma que ignora e descarta talentos renomados que carregam o sangue da cultura nas suas veias. Talvez a ideia resida na produção sistemática e forçada de algo novo. Mas quem disse que necessariamente o melhor é o novo? Distantes da genuína cultura, esses movimentos casuais desconsideram a importância de hábitos, falas e quefazeres de uma classe que deveria na sua origem ter uma produção comprometida e consciente do seu papel. A maioria desses rebentos, desenraizados musicalmente, se estabelece em um universo eletrônico distribuído em distintas versões, em que letras e artistas se misturam de tal forma que um mesmo som parece se adequar a qualquer composição.

É certo que aqui na minha Fortaleza tem muita gente boa na música, mas é certo também que esta cidade tem um bem-querer enorme pela breguice. Esses sertanejos, que nada têm a ver com o sertão, ocupam um espaço grandioso. Fico aturdida diante de tanta valorização, ninguém escapa de ouvir, está no Uber, no táxi, no ônibus, no supermercado, na loja... Ufa! Que desalento! Não há oportunidade para mais ninguém!

Nem conto as vezes que já botei tampões nos ouvidos para poder trabalhar, porque certas músicas me irritam e me tiram a concentração.

As minhas palavras cruas parecem legítimas. Quando em defesa da cultura, que elas tenham o alcance que merece e assim chamem a sua atenção. Se a mim fez enxergar, quem sabe um dia, talvez! É difícil fotografar quando não se conhece o aparelho. É certo que para se fotografar uma nuvem é preciso uma máquina de longo alcance. Reconheço que não é fácil entender tudo, tampouco banir tudo; minha conexão com o real deixa passar dessa trama alguns fios com qualidade, para ganhar notoriedade entre alguns notórios. Assim, de longe olhando – para os dois lados, sei que vou pisar no calo de muita gente ao reconhecer que em todo lugar é possível encontrar coisas e/ou pessoas com traços distintos. Daí o cuidado ao olhar para a viela da favela e a grande avenida da cidade!

Pergunto-me todo dia se estaria no mesmo lugar se não estivesse ligada à educação. E a resposta é sempre a mesma: estaria no mesmo lugar que estou, assim como muitos, porque já acordei para a vida com a consciência do valor das pequenas e grandes coisas e do valor da força sobre essas coisas. Uma coisa irrisória pode até se tornar significativa, a depender da importância que recebe.

Vejo a música hoje como uma estrada quase deserta, por dois motivos: abandono e ignorância. A que eu escuto e dela tiro do seu estado poético o meu fazer, o meu compreender e o meu participar foi abandonada.

A que outros escutam, admiram e respiram à sombra da ignorância, sem se preocuparem, a passos largos, caminham sem compreender seu pisar e o seu caminhar.

Esse movimento de descontinuidade cultural "EXISTE e é LEGITIMO". Muito embora seja uma produção cultural, não tem raízes contemporânea, parece que se engendra no hoje e não tem amanhã. Tudo é muito passageiro e sem sustança.

Enfim, a cultura pode acontecer nos mais diversos ambientes. É uma propriedade artística que toma força em distintas direções: na rua, nas comunidades, nas escolas, no teatro, no cinema, nos museus, nas galerias. Uma sociedade consciente valoriza a arte como processo da criatividade humana, representada por experiências individuais e coletivas por meio da impressão objetiva e da interpretação subjetiva.

Triste, mas verdadeiro: muitos produtos culturais concretos (da arquitetura, do desenho, da escultura, da pintura, da escrita, da música de qualidade, da dança, do teatro e do cinema) ficam no último degrau de uma escala pelo descuido com a cultura. Contudo, é plenamente compreensível; esses elementos, desligados de educação, não ganham o significado que deveriam ganhar pela maioria do público.

Um público composto do "sacrifício da esperança" modelado e guiado para não compreender, mas apenas aceitar, tem isso como um divertimento e nem de longe poderão reconhecer a diferença. Seu conhecimento é aleatório. Sem nenhuma implicância, digo que o entusiasmo desse coletivo é a mesmice de cada show. Isso não é uma invenção minha, é uma verdade que não pode nem deve ser ignorada. Como ensina Gilberto Gil, em sua lapidar "Deixar você": "Pra que mentir / E fingir que o horizonte / Termina ali defronte / E a ponte acaba aqui? / Vamos seguir / Reinventar o espaço / Juntos manter o passo / Não ter cansaço / Não crer no fim".

Mesmo que o tempo esteja pálido e a luz sombria, "Eu, mentir, jamais". "Que uma luz nasça na escuridão".

Eu, de corpo e alma, aqueço-me nas palavras de Gil, artista talentoso, comprometido com esta nação, para, em torno do assunto, chamar atenção para o fenômeno da desconstrução da cultura, que se firma na diversidade de estilo, velocidade da produção e ainda por carreiras sem compromisso ético, artístico, cultural e social.

Neste mundo assoberbado, a arte menor de que sou ferrenha crítica ultrapassa, entre outras coisas, o limite de percepção da sua própria marca, uma vez que ela se dá em uma linha de produção em larga escala, à distância até dos envolvidos, e já chega pronta para ser consumida no mercado. Trata-se de um mundo cheio de disputas, competições, egoísmo e deslealdade, que sobrevive como mercadoria e não como cultura.

O preço por assumir uma postura diferente, no esforço de dar outro significado à carreira artística, é sentido na própria pele pelos que assumem esta postura de originalidade, de apreço pelo que há de melhor no Brasil, em nossa gente, na nossa cultura e nos nossos costumes. Por isso, viva Gilberto Gil!

Integram essa desconstrução todos aqueles que consideram os desafios da carreira e o seu engajamento nos assuntos de cunho político e social como parte do trabalho. O seu posicionamento é a sua marca. São possuidores de um caráter profundo, que não é fruto do acaso, é opção, uma vez que o trabalho desses artistas não pode ser um ato isolado.

A intenção aqui não é desvalorizar movimentos, estilos e, muito menos, banir artistas. O propósito é oferecer a todos uma viagem pela cultura, mais especificamente pelo universo musical. Que capturem o que lhes é benéfico (em contraponto ao que é maléfico) e estabeleçam um confronto de visões.

A crítica se estabelece nos entremeios de uma pobreza cultural constitutiva de arranjos e letras inexpressivas, pobres, obscenas, rudes e grosseiras. Não há sentimento de amor e amizade, harmonia poética. Esse estilo musical quase sempre tem um sentido depreciativo; expõe uma intimidade cheia de desavenças amorosas, traições, desrespeito, mas é entoado por muitos com naturalidade, por incrível que pareça, e já está na moda há tempos. Pressinto vê-lo por muito mais tempo nas paradas.

Os fãs são verdadeiros convivas, de mente e coração, no banquete da música indigente. Não faltará gente para consumir.

Com uma linguagem única, do tipo "som sem música e construção sem tijolos", os autores desse rompante artístico constroem uma obra grosseira, melodramática, engendrando objetivos para muito aquém do que seja realmente cultura.

Outro aspecto que chama bastante atenção e que não se pode ignorar: as músicas de duplo sentido, que descambam para o deboche e o desrespeito, principalmente contra a mulher. É música que esgota a paciência de quem é tomado por outro gosto musical. Eu, particularmente, não suporto, não tenho paciência!

Uma mudança de impacto para fazer frente à proliferação desse estilo de música precisaria do seguinte contraponto: mais apoio, incentivo e divulgação da boa música.

Pois bem. Essa visão terrível do universo cultural foi, como se diz, uma aventura animal que protagonizei. Botei os bichos para fora e arrisquei.

Posso até considerar que minhas visões sobre esse mundo são fragmentárias, porém é impossível deixar de considerar algo tão esdrúxulo. No meu entendimento, cabe valorizar o que é bom e criticar o que não é.

Não se iluda, artista! O caminho mais fácil não deixa memória, há um sentido inerente à questão, basta prestar atenção! Muitos passaram e nada ficou.

Em compensação, há os que nunca serão esquecidos, inspiração que foram para muitos. Faço alusão aos sertanejos caipiras (Tonico e Tinoco, Pena Branca e Xavantinho, Jararaca e Ratinho), esse pilar da música brasileira popular que é a expressão da vida e dos costumes matutos. Para os ocupantes desta "fenomenologia" constituída de sertanejos pop, bandas de forró eletrônico, além doutros imediatistas, meu sentimento é de penúria pela cultura.

Fiz um grande esforço para amenizar a invectiva, mas a minha formação em educação não permite ver diferente. Apaixonada pela música de boa qualidade, o mínimo que pude fazer foi abordar o assunto e assim mostrar que o movimento articula um despreparo e um descompromisso em todos os sentidos, e que por isso merece ser revisto. E combatido.

Que tal contaminar com outras possibilidades? Esse é um movimento que articula uma vocação incrível para a alienação e o analfabetismo político, porque a sua dimensão formativa é de pessoas que se identificam dentro desse ciclo.

Para mim não foi difícil separar "o joio do trigo". Na vida, fiz a travessia por diversas obras musicais e pela trajetória de vários e lídimos representantes da música popular brasileira, do genuíno forró ao samba de raiz, do chorinho à bossa nova.

Esses artistas, cujas obras ao longo do tempo permanecem atuais, são motivados por uma produção de qualidade, em que o foco dos sentidos e significados são o contrário daquela outra coisa lá. Os fios que tecem esse tecido forte e resistente se mantêm vivos, e o conjunto das expressões artísticas e culturais não se desvincula das relações com o mundo social e político, porque alimentado da necessidade de construção de um mundo mais justo e melhor.

Temos muitos exemplos de artistas engajados que trazem para a sua música uma profícua discussão sobre a vida e a condição humana, a exemplo de Gil.

Fico feliz por desvelar pelo mundo das artes e encontrar um dos artistas mais importantes do nosso tempo: Chico Buarque de Holanda. Emociona-me lembrar de alguns momentos do "Show Caravana", quando ele ilustra com muita responsabilidade, beleza e ética os desafios que o nosso país enfrenta para "cumprir seu ideal", para se (trans)formar.

O percurso do artista é longo, a travessia é espinhosa e o instrumento é a vontade política, na perspectiva de contribuir com as necessidades básicas: desejo, amor, inveja, solidão, medo, bondade, maldade e fome. Por esses sentimentos, Chico é alguém raro que pode denunciar a miséria e as injustiças, cantando, dançando, assobiando. Ou mesmo participando ativamente dos movimentos sociais e políticos, sem medo de levantar sua bandeira e perder fãs.

Para Chico, eu escrevi: "Salve, Chico Buarque! / Um homem cheio de graças / Pai, amigo, cidadão / Cantor, ator, poeta por predileção / Ele é uma verdadeira lição / É desprovido de pretensão / É charme, é beleza e simplicidade / É compromisso com a nação / É político polido / Não é analfabeto, não!".

Diferentemente do autor de "Cálice" (em parceria com Gil), existe outra vertente musical e artística com a sua medição declarada – a de neutralidade. São os que dizem: "Não sou carne, nem peixe", que não tomam parte da luta para não sujar a carreira e que optam pelo silêncio, que percorrem a estrada como quem vota em branco ou anula o voto, omissos. Impedidos de se manifestarem pelo compromisso consigo mesmos, assumem uma condição existencial de covardia.

Não foi fácil levantar a questão do "analfabetismo político no meio artístico", porque sou igualmente artista, para além da minha profissão de fé (professora-educadora). Creio, verdadeiramente, seja eu um duplo espelho para a sociedade. Quem, melhor do que um professor para poder falar sobre analfabetismo político? No meu entender, ninguém. O professor tem o recurso da sala de aula e o sujeito da sua ação, por isso pode e deve fazer do seu conhecimento uma revolução.

Já que o tema da hora é movido pela arte, nada mais justo que buscar uma contribuição dentro da sua própria natureza.

Em Bertolt Brecht, dramaturgo alemão que pôs sua obra a serviço do esclarecimento de questões sociais ingentes, sobretudo no tocante à política, deparei-me com ensinamento primoroso na essência de um de seus poemas: "O analfabeto político" (o pior dos analfabetos é o analfabeto político), uma explicita visão do homem alienado de seu meio, um ser vazio, sem espaço nas discussões de seu presente e de seu futuro. E, conforme o provérbio chinês, "Os ausentes estão errados".

Sim, o pior analfabeto é o analfabeto político. "Ele não ouve, não fala e não participa dos acontecimentos políticos. Ele não sabe que o custo de vida, o preço do feijão, do peixe, da farinha, do aluguel, do sapato e do remédio dependem das decisões políticas. O analfabeto político é tão burro, que se orgulha e estufa o peito dizendo que odeia política. Não sabe o imbecil, que da ignorância política nascem a prostituta, o menor abandonado, o assaltante e o pior de todos os bandidos, que é o político vigarista, pilantra, corrupto e bajulador das empresas nacionais e multinacionais".

Embrenhada nas veredas da dor, debrucei-me sobre essa mistura que confunde e fascina. Embrenhei-me na arte e neste mundo político, com dimensão de universo, buscando dar sentido à minha experiência pessoal, bem como provocar um movimento de autorreflexão sobre a cultura e seus elementos. E torno a Brecht.

Filho de uma família burguesa, o poeta alemão traçou o perfil dos indiferentes, colocados do outro lado da vida, que corre caudalosa. Isso me chamou a atenção, pondo-me a pensar bastante. Ensinando-me a tecer reflexões, por meio da incisiva crítica social contida no poema, Brecht ofereceu-me a oportunidade de expor meu ponto de vista sobre o assunto.

A compreensão que compõe esse entendimento não é mera coincidência, ela está na minha dimensão existencial e se fortalece no meu cotidiano. A título de esclarecimento: talvez não fosse o episódio, não tivesse coragem de experenciar esse momento tão distinto.

Nas histórias de vidas, as coisas se entrelaçam para permitir certos desdobramentos. Foi seguindo um ídolo que fui induzida a escrever esta crônica.

MARIA FERREIRA SILVA

Um sonho desmotivado não é o fim

Pensando na lógica da convivência, hoje eu resolvi conversar um pouco com "AMIGOS". Entre estes estão os grandes amigos, os meio amigos, e alguns "desconhecidos"... Aprendi principalmente com aqueles que pensam pelos seus modos adversos dos meus que na lógica da convivência não cabe receita.

O modo de cada um de lidar com seus princípios e valores mostra quão é complexa e significativa a dimensão das relações humanas. Os fios que tecem a minha experiência com a escrita mostram como são diferentes as visões e os afetos de cada um com ela. Foi por uma mesma pessoa ter me chamado a atenção por duas vezes que, tomada por sentimento de decepção, resolvi desabafar. A primeira vez foi logo quando lancei o meu primeiro livro e a pessoa me deu o seguinte retorno:

— *Gostei do seu livro, mas jamais teria coragem de fazer o que fez e ainda te digo: continue escrevendo, mas é bom ter cuidado para não se envolver demais em sonhos e esquecer a vida real!*

A segunda vez foi bem recentemente, quando em uma tentativa de discordar do meu cotidiano com relação à escrita, falou--me novamente para eu ter cuidado para não me envolver demais em sonhos, deixar de fazer coisas mais importantes para escrever besteiras no computador...

Esses dois duros e grotescos recados com o mesmo sentido me deixaram magoada. Entendo que existem pessoas que se perdem dos seus sonhos por vergonha, medo e até rigidez com a vida. Existem outros motivos mais sérios, por exemplo, alguns tipos de doenças, que apagam a luz da vida, essa que dá cor às coisas e aos sonhos. Constroem seu mundo de sonho dentro de regras muito rígidas que estão sempre em discordância com o modelo de vida do outro; tudo parece estar errado.

Meu modelo de vida não é uma receita para ninguém. Faço dela um movimento em que cabem as relações com gente, coisas e atividades. Na primeira linha está minha mãe, mas há espaços para muitos e sempre foi assim. Já cuidei diretamente de muitas pessoas, já cuidei indiretamente de tantas outras me colocando à disposição naquilo que podia ser útil, sem nenhuma necessidade de estampar. Por isso não tenho nem medo de ter deixado para trás algumas das minhas responsabilidades.

Que alma seria a do escritor se não houvesse essas sustâncias para escrever? O elogio, a crítica, o silêncio... são acontecimentos suscetíveis para movimentar seu cotidiano. ***Nele cabe escrever as profundezas da alma sem medo de errar e transcender do erro para o acerto sem a certeza de acertar.***

Quase sempre estou feliz

Quase sempre estou feliz porque não tenho expectativas grandiosas para a vida. Entendo que tenho o suficiente para mim. Não fosse o desejo de ajudar a outros, diria que a vida estava perfeita! Aprendi com ela mesma que meu tamanho e meu jeito de ser eram os meus limites, porém isso não implica ser uma pessoa acomodada a ponto de acreditar que "A vida será do jeito que Deus quiser".

Faço da minha parte aquilo que entendo ser minha responsabilidade. Do retalho que Deus deixou para mim sempre procurei multiplicar e compartilhar entre os outros; penso que não foi à toa que Deus nos deu a inteligência, o que nos diferenciou dos demais seres. Minha ótica sobre a vida tem o limite da compreensão de que viver é caminhar; se a linha é reta e/ou tortuosa, exige o esforço para se adequar à medida que a linha segue.

Como sempre acreditei na força da minha pequenez, porque acredito que cada um de nós tem muito do destino e o restante se conquista com esforço. Não existe uma forma pronta para ninguém nem a medida exata para nada. Em mim existe uma fé que me faz acreditar ser Deus um Ser absoluto e que os Seus planos são traçados para cada um, dentro de um merecimento. Essa distinção de Deus muitas vezes é incompreendida.

Retroceder naquilo em que se planeja, seguir e não obter o resultado almejado, não é fácil, mas o tempo por si se encarrega de mostrar que um plano é uma meta e não uma certeza e o que foi ausência de sucesso hoje pode ser sucesso amanhã. Há um ditado popular que nos diz: "**Não há mal que não venha para um bem**".

Quantas vezes já me mobilizei em um tempo com todas as condições para fazer algo e no momento exato de dar início tive que aceitar uma mudança? O primeiro momento é de incompreensão por essa mudança imposta, mas do outro lado da trama já há um novo propósito de Deus suficientemente forte para dar um espírito novo para recomeçar.

Nada disso é falso, só revela meu amor por Deus e mostra para os demais que o presente virou passado e o futuro me espera.

Este livro, sob o ponto de vista material em relação ao projeto inicial, já mudou muito. É que a escrita está sempre vulnerável a mudanças; quando vasculhada avidamente muito do que foi escrito vai parar na lixeira.

E um projeto é bem diferente do outro, merece uma atenção especial no manejo e montagem. Suas ilustrações serão artesanalmente feitas à mão. Quero unir arte e escrita no mesmo projeto. Linhas, agulhas, tesouras, bastidores e paciência são por enquanto a matéria-prima.

As vezes até esqueço o tempo gasto para não pensar que é perda de tempo. Montar uma base e estruturar para dar início a uma edição já é dificultoso, mesmo porque um livro é um projeto coletivo. São muitos envolvidos, mas a responsabilidade maior é do escritor.

Porque ninguém está feliz o tempo todo, o hoje é tempo de agonia, mas é que seguindo o passo a passo organizarei todos os mistérios para compor esse rio. **São correntezas, fechos de luz e água suficientemente limpa para conduzir meus sentimentos.**

MARIA FERREIRA SILVA

Realidade e sonho

Receber de boa vontade o que nos chega de imediato e que não está nos nossos planos para hoje não é uma tarefa fácil. Mas vida é assim mesmo, muitas vezes nos impõe substituir o planejado pelas surpresas. Quando o desafio é de ordem pessoal, emerge de um relacionamento humano, requer tolerância, paciência e sabedoria de todos os humanos envolvidos, principalmente daqueles que têm o papel de conduzir; nesse caminho, muitas veredas são incógnitas. Dentro de cada um há uma particularidade que não se encaixa ao geral como se deseja. São diferenças que provocam confrontos de realidade e simplesmente se tornam desafios.

Entender as relações humanas requer aceitar o que nos distingue um indivíduo do outro. Vemos muitos casos na família, em que uma mesma educação produz seres bem diferentes. Por essa razão, penso não ser ingênuo comparar uma relação pessoal a uma paisagem. Colocada uma situação concreta e uma não concreta, veremos que o modo interpretativo de cada um, para uma mesma situação, poderá produzir diferentes paisagens. Nesse sentido, é relevante entender que somos diferentes e, assim sendo, as surpresas terão o tamanho da visão de cada um. Mesmo aqueles resultantes de uma mesma educação podem adaptar-se a um mundo com propósitos diferentes daqueles recebidos, porque instintivamente encontram noutras visões os seus interesses.

Existem milhares de paisagens ilustrando o nosso pensamento, a riqueza de detalhes é algo incomparável. Alguns elementos básicos de uma vivência servem para ilustrar "O nosso jeito de: SER, FAZER, QUERER".

Esses elementos facilitam entender o papel de cada um, principalmente o de se colocar contra ou a favor da modalidade de vida pelo outro sugerido e/ou até mesmo determinado.

O olhar de cada um sobre uma mesma coisa pode ter inúmeras ilustrações. Porém, posso garantir que uma página com uma circunstância real é bem diferente da página de um livro. O livro, por ser estático, tem um movimento que demanda tempo para envolver o pensamento; já no mundo real, o movimento é ágil e, frente aos olhos, tem os sentidos do ambiente, pode ter cor, cheiro e sabor.

A história de cada um, em páginas reais, ou por uma existência teórica, interessa a cada um, muito embora esse movimento não seja isolado, em razão de vivermos em sociedade.

O fenômeno do ir e vir como parte da rotina de cada um pode até ser desencontrado e lá adiante se tornar parte desse desencontro quando comparado. Refiro-me às mesmas cicatrizes pelo esforço da própria vida em querer ser feliz ou fazer feliz aqueles a quem ama, os mesmos caminhos escolhidos pelo outro e muitas outras coisas que se tornam comuns.

Uma página virada não necessariamente é uma página apagada. Ela pode guardar as reminiscências como essência do que foi. Porque virar uma página pode não ter somente o sentido de terminar uma etapa, mas de considerar seu conteúdo e a partir de então seguir para um novo recomeço. Seguir adiante, escrever uma nova página com novos contornos, é isso. Contudo, incorporar a nova estrutura, a importância da página anterior, vai servir para guardar as marcas firmes que ficaram.

Nem de longe desejo, para mim nem para ninguém, emperrar na mesma página. Os tempos ternos, as doces lembranças ou até mesmo as feridas, quando não marcam mais nenhuma importância, é porque já se tornou passado. O livro pode ser fechado para dar início a um novo livro.

A vida dos sentimentos não se materializa, não! Ela se embasa em respeito e reciprocidade para sobreviver. A distância mais perversa em toda e qualquer relação é a falta de presença, companheirismo e partilha, independentemente do tipo de relação, se pessoal, familiar ou mesmo de amizade.

O declinar dos fenômenos vividos no cotidiano são comuns nas relações; o tempo muda o nosso jeito e a oportunidade de desenvolver uma certa autonomia gera uma nova forma de entender esse novo papel nas relações. Quando o poder que seduzia não seduzir mais e/ou, pelo contrário, desencantar, resta afastar! Tá na hora de uma nova ilustração.

Para cada história, centenas de páginas; para cada ilustração, diferentes definições. Assim é a realidade, assim são os sonhos.

A morte e suas faces

A morte é a ausência definitiva de algo. Pode ser uma pessoa, uma coisa, um sentimento... **É certo que toda** a vida haverá de estar sempre sob a ameaça de um dia findar. Os restos mortais de cada um têm a paisagem que merecem.

A morte de um amor não tem o enterro de um corpo físico, corresponde à condição de uma morte da emoção, do prazer do movimento de um "nós-juntos".

O relaxamento com sentimento de amor, enquanto descuido do cotidiano, oculta as muitas razões que explicam essa morte. Os fragmentos de um no outro parecem levados ao vento e o olhar na profundeza da alma parece visitar o passado, buscando pela lembrança somente o afeto mais vivido.

A morte física inquieta, traz tristeza, mas sua existência enterrada deixa o sentimento de uma continuidade em outra dimensão.

A morte de um amor inquieta e traz tristeza também, mas quase sempre não deixa sentimento de continuidade. Algo se desfez, o sentimento é de que a casa caiu e só restou a poeira.

A vida biológica após a morte ainda é vida por muitos sentidos. Será adubo na terra, será lembrança da vida passada, será espirito como um princípio imaterial compreendido pela crença em Deus.

Há um confronto dramático entre as religiões e crenças, mas há um ponto de consenso em Deus. O pensamento de que tudo findou pode nos levar a esquecer o que foi plantado, colhido, mas pode ser também semente para se plantar. É que em todos os tipos de morte ficam aquelas lições, bem que poderia ter sido assim.

Portanto, escolha o seu jeito de viver a morte e suas adversidades. A médica paliativista e escritora Ana Claudia Quintana Arantes afirma que "A morte é um dia que vale a pena viver". Será?

Ficamos destroçados pelo sentimento de morte, seja qual tipo, seja qual for. Seja a morte de uma pessoa, de um amor, de uma planta, de um animal de estimação, de um projeto pessoal, de uma instituição, de tudo que era realidade na nossa vida e deixa de ser. Todas as mortes nos levam a refletir sobre Deus, porque parece que todo fim nos leva a Deus.

Se você está se sentindo assim por uma ausência definitiva, lembre-se de que agora nela existe outro tipo vida e um difícil acompanhar; o que ficou fielmente foi a sua história, distribuída em um vitral translúcido de memórias.

Para guardar como último suspiro de vida da pessoa quando de sua morte, fotografe pela mente o que indescritivelmente sente:

a lembrança do riso que ainda vai trazer pranto;

o silêncio da palavra que deixa o pressentimento de que ainda queria falar;

a recordação do seu último e triste olhar, que faz acalmar por entender que temos o nosso tempo aqui, por isso nosso próximo e distante será sempre presença.

Diferentemente da morte de um corpo físico, a morte de um sentimento provoca o fechamento de um ciclo, mas a vida segue de acordo com o destino. Seja o fim de um namoro, de um casamento, de uma amizade ou outra eventualidade qualquer, na maioria das vezes, ficam resquícios de desacordo; em alguns casos ganha um clima de horror, capaz de tornar insignificante tudo o que foi significado.

A morte de um amor tem faces distintas; para uns fica a saudade, embalada de boas lembranças, e do entendimento de que a finitude do sentimento de amor **NÃO** ocasiona a morte da relação em si. Eu no outro, nós juntos até que a morte nos separe...

A fotografia dessa intimidade, agora enxergada como uma paisagem do passado, precisa do perdão para não seguir com mágoa, levando um passado que já foi coberto com essência das flores. O ambiente físico, espaço de tantos aconchegos, agora cinzento de poeira? Não!

Aquela vida projetada para alguns tipos de sonhos se desvincula para possibilitar nova transformação. É a força do destino que ninguém consegue barrar quando chega a sua hora.

Onde me encontro neste momento? Entre as lembranças que o tempo traz de duas mortes. Uma por um amor e a outra por um mundo de amor.

Conselho não é intromissão

Para entender e aceitar algumas pessoas diante de certas atitudes, fui fazendo um comparativo entre as muitas situações.

Vi a inutilidade de minhas palavras e ensinamentos em muitas ocasiões, por serem entendidos como intromissões. Está comprovado que certas lições não hão de servir para certas pessoas em determinadas ocasiões. O medo que lhes apossa da incerteza é o modo de fugir de qualquer outra proposta que não seja a sua. Essa situação lembra algumas pessoas que, mesmo comprando uma roupa nova, não se desfazem dos seus molambos e os guardam como lembrança!

Organizada num movimento entre o que posso e o que devo fazer por alguém, já deixei muitas coisas para trás. Somando tudo, não posso afirmar se ganhei ou se perdi. Suspeito que a minha boa vontade foi entendida como uma intromissão e para não me sentir injustiçada, um jeito viável de entender foi me colocar no seu lugar, porque, segundo consta, a forma mais correta de se entender alguém ou uma situação é se colocando no lugar do outro.

Para onde quer que um de nós volte o olhar, o assunto terá sempre inúmeras interpretações. As razões que norteiam as escolhas de cada um são de cada um, porém, aos que creem serem capazes de aprender a mudar e transformar, ainda será suscetível, por meio de uma ação "clínica-consensual", encher-se de confiança e, por meio dela, permitir-se uma atração.

Eu, diferentemente de muitos, acredito na persistência. Vejo algumas pessoas dizerem que as palavras se perdem de tanto se falar. Como trabalhei muito anos da minha vida com alfabetização, em tempos tão difíceis, posso dizê-lo de cátedra! Onde fosse preciso, usava letras e palavras, duplicava, triplicava, no sentido de alcançar as crianças com dificuldade de aprendizagem. Creio que essas experimentações trouxeram aprendizado para elas e para mim. "Quanto mais martelada, mais amolada fica a enxada".

Com letras e sílabas cortadas, trabalhava repetitivamente um, dois três... dias. Até a criança chegar a memorizar, não me cansava. Sabia que depois vinha a segunda etapa, o aprendizado, aquele que deixa sustância! Quem nunca ouviu falar que "água mole em pedra dura tanto bate até que fura"?

Penso que, assim como os outros, não sei aceitar com normalidade a ideia de receber dos outros, vez por outra, os puxões de orelhas como lições necessárias ao aprendizado das modernas tecnologias. Aceito receber as ajudas, mas, de vez em quando, me irritam certos posicionamentos. Não seria a vez de me colocar no lugar do outro?

Nem sempre estamos dispostos a aceitar um ponto de vista. Fica mais fácil quando estamos distantes um do outro. Mesmo assim, considero que para alguns seja mais amargo do que para outros; são aquelas pessoas rígidas, que têm seu modo de ser baseado em uma fórmula própria, não cabendo nelas qualquer acréscimo. No meu caso, as lições de vida adquiridas no esforço de aprender e ensinar me fizeram compreender que coisas de amor e de vida valem como uma concessão, e só o tempo vai dizer se foi bom ou ruim.

Sinto-me uma audaciosa, derramando inabilidade em um universo de aptidões. Ainda estou renascendo dos espinhos, no que se refere às coisas das tecnologias, pela pouca simpatia e pouco conhecimento. Por não ser uma expert, não encontrei motivo para desistir. Cometo muitos erros, por vezes vai o texto e falta a foto e vice-versa. Mas errar por trabalhar sem as condições favoráveis foi sempre a primeira lição de cada dia na sala de aula. Então, pra que reclamar?

Quando consigo corrigir, faço as correções; quando não, guardo nas "linhas do espaço aéreo", sabendo que, em breve, o tempo vai mostrar que algumas coisas levam tempo; quando não, é o tempo que pode levar algumas coisas. Eia aí um motivo pertinente para rever as práticas e receber as críticas sem nenhuma mágoa ou vergonha.

Uma das alegrias mais legítimas da vida é saber que todo dia posso aprender e que pedir desculpas é digno de quem reconhece um erro.

Omissão não combina com amor

Hoje, ao invés de penumbra, quero levar luz. Como melhor direi agora? Vou fazer uma tentativa de ajudar alguns filhos a enxergarem a realidade do que é a vida de uma mãe. Vou começar pelo básico, como se diz, pelo arrumar a casa. Este modo de dizer vai me ajudar a ensinar como fazer uma faxina na vida.

Vamos lá: não é preciso adivinhar, mãe não é empregada de filhos. Infelizmente, alguns insistem, vida afora, que sim. E por incrível que pareça, não se dão conta nem filho nem mãe.

Para tentar abrir seus olhos, sem fazer muito esforço, vou lembrar alguns pontos e aspectos que amanhecem e anoitecem com as mães.

São instantes de vida que celebram: o degustar dos pratos, a roupa lavada, a casa arrumada, as itinerâncias da vida, os cuidados médicos, o acompanhamento escolar...

Essa superestrutura é bastante pesada e injusta, mas serve para mostrar o abismo entre amor de mãe e desamor de filho. Estou tentado dizer que a natureza do comportamento de omissão ainda está enraizada na "linda menina da mamãe e no lindo filhinho do papai".

O sentimento machista, o ciúme e outros sem-conta se desalinham na compreensão de que ser mãe é assumir sozinha a responsabilidades de cuidar.

Não vejo nada de interessante em tematizar "Amor de Mãe" com a ideia de que maternidade implica sacrifício! O ditado popular ensina que "Ser mãe é padecer no paraíso". E eu digo que isso é equívoco.

Mãe é a pessoa que traz o filho ao mundo e pela grande missão vive a compreensão de cuidar, educar... Por tempo determinado e em alguns casos, se necessário, por toda a vida.

Mãe não deve jamais se esquecer de dizer todos os dias em voz alta: "Sou mãe, amiga e companheira". A pessoa em que você deve verdadeiramente confiar. Sobre a compreensão do que é ser mãe, que cada um faça o seu julgamento.

O contraponto sugere o mesmo: "Sou filho, amigo, companheiro e, pela educação que recebi, sonho de mãe deve desenhar o universo dos seus desejos". Se coincidir com sonho de filho, o encaixe se torna perfeito! Porém, se não coincidir, não deve ser frustração de mãe. Afinal sonho é patrimônio de cada um.

Uma mãe achar natural viver disponível para tudo sem reclamar é assinar uma procuração para um filho desnaturado abusar dessa disponibilidade. Mãe pode ser amiga, companheira, colaboradora, jamais criada.

Parabéns para as mães que sabem segurar pelo braço, mas na hora que precisa dar um puxão para chamar sua atenção, não hesita. Está na obrigação amar, brincar e ensinar. Não tire todas as pedras do caminho para seu filho passar, deixe-o fazer um pouco de esforço. As coisas mais vistas e gostosas de uma convivência estão na comuta das coisas e dos sentimentos. O amor exige reciprocidade. Eu te amo, tu me amas, nós nos amamos. Alegres e tristes seremos nós.

MARIA FERREIRA SILVA

É no ouvir que se aprende

Hoje vamos falar de um "pecado" que todos cometemos, ele está na convivência de um modo em geral, tem o toque amargo dos desgastes diários e materialmente corresponde a uma morte não acidental.

Preciso conter meus sentimentos para falar de algo que acho desvanecente, mas está por traz de qualquer pessoa, é universal, está ligado por uma passagem comum a todos pela convivência.

Para avançar, vou me embrenhar nos tropeços da comunicação para mostrar principalmente que, para além das palavras, existe o sentimento e o modo de ser das pessoas.

Pela lógica, toda comunicação tem transmissão e recepção, mas a expressão de uma pessoa pode inibir o desejo do outro de se expressar e, por meio da sua expressão, exercer algum tipo de influência.

O ato de ouvir requer paciência, humildade e discernimento. Para ouvirmos é preciso adentrar o mundo do outro e sair do nosso ciclo.

Tem dia que não dá para calar, da mesma forma que tem dia que não dá para escutar; nesse impasse, o que sobra é o compromisso com o respeito. Não vou negar: tenho muita dificuldade em aceitar a desatenção em alguns casos, por isso, em atenção a mim, já me retirei de conversas em algumas situações e optei por engolir as palavras.

Tudo acontece mais ou menos assim: alguém que quer falar e o outro que não quer escutar e vice-versa.

A ética da comunicação se dá por meio de princípios e valores. Nada é mais horrível e desrespeitoso do que você abandonar uma conversa e deixar o outro falando sozinho.

Como é ruim a gente querer falar e o outro não querer escutar. Mas, agora, pense no sentido contrário – como é ruim a gente não querer escutar e o outro insistir em falar.

A matemática do ouvir depois de tentar somar, diminuir, multiplicar, dividir... concluí que ouvir a si mesma é fazer com que aquele que não ouve reconheça que a expressão da verdade não pode ser apenas a sua verdade.

Abordar alguém com o intuito de possibilitar algum tipo de diálogo e receber **um não** é como se diz: uma porta na cara. Pode até ser por ironia da vida, mas acontece e quando acontece dói muito. Esse carecer sem resposta deixa um amargo na boca; no olho, a lágrima e na garganta, o entalo do desgosto. Uma coisa forte que me faz lembrar é uma cena infantil comum, no meu tempo de infância, quando pai e mãe, com o seu poder exacerbado, não nos deixavam responder. Mandavam calar e engolir o choro e as malcriações. O pior é que tudo era associado a pecado.

Logo eu, que nunca fui de calar, de engolir choro! Era considerada malcriada. Já tinha bem claro que desobediência, em certos casos, não era desrespeito, era defesa. Não levava desaforo pra casa porque sabia entender respeito e desrespeito; fazia o que devia e era na lição do dia a dia que aprendia com minha mãe. Não é para bater, muito menos para apanhar.

Aprender como é o mundo requer entender as relações pessoais em todos os sentidos.

Penso que ausência de atenção e cuidado são negligência, portanto, um grave pecado. Lembro de uma situação bem pitoresca, quando da primeira eucaristia. Quanto tempo fiquei matutando sobre os meus pecados! Que pecado eu teria? O que eu iria dizer para o padre? Entendia que não tinha pecado e que pecado seria dizer o que não queria, mas a catequista me convenceu a aceitar que o desrespeito era um pecado.

A privação de ver e sentir e não poder gritar era um controle fora da razão era engolir os pecados na medida em que não podia responder a altura. Tenho dúvidas até hoje de quem era o pecado!

O espesso cansaço da velhice

O desejo de viver um tempo de calma e tranquilidade é uma aspiração para todo mundo. Entretanto, esse empreendimento íntimo independe menos de nós, prevalecendo definitivamente sobre nós. Essa tranquilidade sonhada é uma promessa de sonho e esse compromisso não é nada fácil, porque o mundo tem o seu movimento próprio e de forma excepcional pode desmanchar, remodelar, transferir a presente realidade.

A minha maneira de viver sempre foi muito familiar. Embora essa significação tenha o peso da satisfação, pesa também na responsabilidade, porque cuidar do alheio é difícil demais.

O que está no interior de cada pessoa é tão individual que, por vezes, pode iludir pela aparência. Nesse sentido, é bom não ter esperança de que existe um caminho certo para alcançar o outro. É importante entender o significado da perspectiva do outro sobre você, quando se trata de se oferecer para alguma coisa.

O modo de vida de uma pessoa, para além do seu esforço e da determinação, exige oportunidades. Os meios socioculturais como fonte de perspectivas para avançar, que deveriam ser acessíveis a todos, estão bem distantes da maioria. Por assim entender é que pesa sobre mim essa trajetória de compromisso comigo e com os outros.

Esse modo de me comportar, definido pelo gosto de ajudar, caminha comigo, me faz feliz e serve para mostrar que uma semente bem plantada, quando compartilhada, ganha significância para um mundo mais humanitário.

A intenção de contribuir com minha presença e/ou com os meus conhecimentos para despertar a busca de um horizonte de sonhos e realização para alguns foi sempre maior do que o que eu podia fazer. Envolvia-me de uma simpatia e da certeza de que tudo podia acontecer; muitas vezes o cálculo dava errado. Talvez porque deixou de acompanhar o tempo, se desmotivou, perdeu o interesse de reavivar a vida, por meio do incentivo do outro em si, ou simplesmente pelo cálculo pessimista de pensar em não conseguir transformar uma consequência negativa em positiva.

O lugar de cada um no mundo não é somente resultado do seu traçado, ele pode ser consequência de uma conjuntura familiar, de um processo socioeducacional, de um propósito pessoal.

O lugar de cada um na sociedade tem a soma de inúmeros fatores, conquistado por meio dos valores morais recebidos da família e da educação, da dimensão do seu envolvimento com a coletividade e, acima de tudo, pelo seu projeto pessoal. Sendo assim, as mudanças que penso para cada um são sonhos, não podem ser tidas como decisões. A minha presença hoje marca esse ponto. Tal como já aconteceu em outros tempos, não acontece mais; o excesso de amor ganhou do amor-próprio, regra para reconhecer que, quando não mais houver uma saída, a única saída é sair.

O diálogo já bateu à porta por muitas vezes, e algo mais importante do que palavras também. Todo esse interesse especial foi tentativa para manter uma convivência harmônica e bem-sucedida, mas raros são aqueles que acreditam na força da palavra e, por meio dela, aceitam mudar os seus próprios modos de se relacionarem com o mundo e as pessoas. Sendo assim, todo ensinamento vai aparentar sempre um intrometimento, mesmo que o ofício seja contribuição.

A natureza de toda vivência requer perdas e ganhos. Seremos um todo quando entendermos que, mesmo divergentes, podemos ser únicos em uma mesma direção.

Quebrar as amarras na esperança de transformar as regras mais rígidas da convivência humana num jeito habilidoso para alcançar o outro é invocar a compreensão de que tudo que envolve o mundo individual e o mundo coletivo ganha força na reciprocidade.

Pensar na velhice como um jardim que floriu a vida, amadureceu e agora está destinada a colher as flores que plantou implica viver mais a liberdade por não estar mais no ofício ou profissão, bem como estar isenta de certas coisas até hoje tidas como obrigação.

Este "presente merecido" vai levar a vida a andar de uma forma diferente. A dimensão dessa existência é uma prova que escapa de responsabilidade, mas não se omite em contribuir. Esse momento de agora parece um mundo dentro de outro mundo, em que cabe, inclusive, voltar a ser criança. E olha que essas crianças com personalidade de adultos, acostumadas a determinar, terão dificuldade em aceitar orientações.

Todo desapego é sofrido e conciliar essa condição transitória – tendo que renunciar ao absoluto, parece horrível. Vez por outra, é chamado à atenção pelas limitações da idade e pelo que deveria ser entendido como cuidado, intriga como violência.

A idade torna a pessoa mais vulnerável às doenças e a sensibilidade aflora, por um simples aviso: cuidado para não cair, não deve se abaixar assim, olha a coluna!... Essa constatação mostra que é mais importante segurar pelo braço, que dá firmeza, do que pegar pela mão.

O presente de agora abre um amplo painel de audaciosas vivências com coisas gostosas de serem rememoradas, reconhecendo, porém, que muitas (dessas vivências) para o agora em diante já se apresentam como abismo.

A compreensão que fica para todos é a de que, independentemente de idade, viver em qualquer tempo ou lugar é uma força-tarefa. Apostar no fracasso ou no triunfo de quem quer que seja requer despojar-se da vaidade de que muito sabe sobre a convivência humana. A convivência humana é um universo fatigante. Exagerar em liberdade ou privacidade é contraditório e pode comprometer a segurança dessa convivência.

Para pensar-se em resgatar as particularidades que envolvem qualquer relação pessoal é imprescindível rever equívocos e sem medo algum consentir em mudar.

Uma coisa é certa, sentir o cheiro de quem se ama a distância nos faz entender o valor de estar perto.

Diário de um tempo

Nada na vida é mais prazeroso do que celebrar uma conquista, principalmente quando ela parece inacessível. Havia dentro de mim toda uma expectativa para este momento, e a dimensão dessa primeira experiência era a expressão mais sensível da minha intenção. Para continuar sem medo de me perder neste tempo tão diferente de tudo que já havia vivido, fui me envolvendo e, simultaneamente, tentando envolver o outro.

Toda primeira experiência gera expectativa. A porta à minha frente era tão estreita que parecia não caber tudo aquilo que eu queria ao mundo mostrar. No meu silêncio, fiz muitas tentativas, imaginando como tudo seria. Por um tempo fiquei em silêncio sem saber ao certo por onde começar, mas, gradualmente, fui redimensionando os prós e os contras e, pela solidez do projeto, já sentia ser possível vislumbrar avanços nessa conquista. A inquieta trajetória chegou ao seu ponto final, era hora de mostrar o produto pronto; nele, a dimensão da minha vida privada certamente assustará alguns, porque, para continuar o tempo sem medo, assumi contar parte dos meus segredos. O que me provocou a contar? Uma valentia que longe de mim sempre esteve, mas que estava suficientemente pronta a cumprir um objetivo que me enchia de prazer.

Pelas minhas convicções e perspectivas, não seria sucesso absoluto nem fracasso confirmado, porque um livro requer a colaboração do leitor, isso implica ter paciência para conquistá-lo e, sem motivo certo, não finalizar o sonho antes do tempo.

Na tentativa de aliviar o momento fiz arte: marcadores de páginas artesanais para cada exemplar, quadros e arranjos para decoração do ambiente onde o queria lançar. Para me precaver dos percalços, fui seguindo um passo a passo e, mesmo assim, pasmem! Andei longe de alcançar alguns! O pior sentimento foi o de impotência diante daqueles que entenderam ser compromisso comprar! Fiquei extremamente incomodada quando vi o livro pago e nenhum interesse em receber. Movi muitas tentativas para entregar sem sucesso!

Não estou me queixando da vida, nem supervalorizando certas situações, mas tão somente enumerando eventos simples ocorridos no período e que fazem parte do processo.

A observação que fica neste diário é de que tudo que passa fica registrado e as angústias não sonhadas são momentos que se apoderam para marcar o tempo que ainda se espera.

Reencontrei a tranquilidade quando descobri que até veteranos, pessoa influentes, já passaram aborrecimentos idênticos. Então, a minha experiência, longe, mas muito longe mesmo da deles, não poderia diferir! Aplausos e reconhecimento poderão vir ou não. Daí, não encher a vida de pessimismo nem de otimismo, mas seguir com um novo olhar para os dois, sem se entregar ao cansaço da primeira experiência nem amargurar por essa constatação, deve ser a disposição de quem deseja seguir.

Estabelecer para outras realidades a dimensão que deseja alcançar sem meta de certeza pode ser o que faltou para entender melhor as circunstâncias vividas na primeira experiência.

Nesse abrigo, tive a companhia do silêncio. Tirei as sementes do jardim do meu pensamento para transformar a vida em "Quatro tempos". Para cada um escolhi a essência do que de mais valioso vivi e, longe da preocupação de agradar todos, envolvi cada um dos tempos de poesia, categoria com a qual se transforma um momento custoso (difícil e árduo) em fácil, compreensível e provável.

Todo aprendizado deve considerar que toda doação busca uma recompensa, mas nem sempre em toda procura há um encontro!

O tamanho da minha sede

Tenho uma sede enorme de entender o ser humano, a começar por mim e pelos demais que estão nos meus círculos de convivência. Sempre foi tão claro que o respeito humano é o que de mais a nobre há em uma pessoa. Esse entendimento vale para a natureza como um todo. Somos seres da natureza e o respeito deve ser estendido a todos, independentemente da sua classificação.

A morada de cada ser humano inicia-se no coração, pois nele guardamos todos os nossos sentimentos, a nossa essência! Esse pacote anônimo vai se modificando à medida que recebe do meio incentivos para o seu desenvolvimento físico e intelectual.

Pelo decorrer do tempo, a vida vai ganhando um rumo que se define em etapas. Nelas adquirimos a maneira de ser e se comportar. As aptidões, a capacidade natural ou adquirida nesse percurso, molda essencialmente o que chamamos de consciência. Esse é o maior patrimônio de uma pessoa, por ele podemos erguer e fortalecer a nossa construção, a nossa vida, mas um comportamento coerente pode se perder da consciência por influências negativas e deixar ruir sua construção para adotar novas posturas. Muitos já se perderam das suas raízes, adotaram caminhos adversos e a consequência foi pagar um preço muito alto.

Quem não conheces o axioma: "DIGA-ME COM QUEM ANDAS E EU TE DIREI QUEM ÉS"? Pois é, nada valoriza mais um ser humano do que a sua prática. Ela é responsável por qualificar e/ou desqualificar uma pessoa. Essa instância de decisão está ligada diretamente ao seu livre-arbítrio – a oportunidade de escolha de cada um sobre a sua vida.

Essa existência torna-se absolutamente significante quando alguns descobrem que dentro desse contexto existem aqueles que desonestamente agem em benefício próprio. O limite de desigualdade, que favorece os poderosos em prejuízo dos desvalidos, é pouco observado, talvez até mais por quem deveria estar atento. Esse poder não tem interesse em mudança que venha a favorecer aos inconscientes, desvalidos e afins. Motivo pelo qual, independentemente de poder, a parte de cada um é tão importante.

Temos visto, seguidamente, momentos drásticos que, envolvidos pela força do poder, se estabelecem em benefício do poder. A reação de muitos brasileiros cegos e ignorantes a tudo afronta a minha sede de entendimento.

Quando esses brasileiros dizem "gratidão ao benefício", em troca de todos outros tantos prejuízos, o sentido de ingratidão em mim se estabelece.

Ao explicar a minha sede não tenho nenhuma dúvida de que a minha postura reflexiva de cidadã, infelizmente, afronta os dissidentes e, pelo mesmo motivo, o seu entendimento.

Abasteço-me do fundamento de ser professora e educadora, mesmo que aposentada, para fazer valer a minha liberdade e pelo mesmo objetivo de sempre: repudiar o desrespeito à educação por entender ser ela da minha responsabilidade. Foi graças a essa consciência que ainda não me perdi do meu horizonte.

Sempre que vejo pessoas desabilitadas das qualidades técnicas e /ou científicas ocupando cargos de alta relevância, principalmente nas altas patentes da nação, apenas por apadrinhamentos, como tem acontecido neste período vergonhoso, mergulho-me num sentimento de revolta porque entendo que essa anomia, anarquia e desorganização é uma perversidade com quem detém capacidade e conhecimento.

Se você, assim como eu, está a pensar sobre as mesmas coisas que acontecem atualmente com a educação e ainda não deu tempo de digerir porque custa caro, principalmente aos menos favorecidos, tome parte. Foi por entender que plantando sonhos em algum tempo é possível colher resultados, mesmo aposentada, não abandonei a bandeira da educação.

Ensinar a sonhar pode até ser utopia, sede de justiça vazia, contudo é um testemunho de consciência que não se pode deixar de contar.

Já iludi muito dos meus dias tentando assimilar a facilidade que certas pessoas têm para compreender fatos fora da realidade como realidade.

Já fiz até o que não devia, procurando alargar o horizonte dessas pessoas, pelo meu chamado de atenção, porque esse horizonte tem sentido naquilo que acredito. Creio que renovar a vida, enxergando seus males, dores e desigualdades, contribui para desmantelar o passado de ilusões para alcançar um futuro de solução.

Desfraldar os surdos movimentos em torno dos inconscientes e desassistidos é responsabilidade de quem entende, quem tem conhecimento e saber. O pouco que se fizer em cada espaço é um tanto significativo. Se não está feito, façamos!

Está na "lei de Deus", independentemente de religião e crença, amar e respeitar. É o começo de tudo. Quem não abranda e se enriquece dessa verdade é porque não o quer.

Somos a natureza global, somos um em outro e no total somos muitos, somos mais...

Não há amor sem partilha

O Dia dos Namorados não muda! Ele tem sempre o mesmo sentido. Independentemente do tempo e do lugar, continuará sendo um termômetro para medir o amor. Evidentemente, é importante entender o amor como sentimento que se apodera do que há de mais íntimo do corpo e do coração e, quando construído num clima de respeito, é possível tirar proveito de viver nesse privilegio misterioso, com prazer e satisfação. O amor requer a arte da prudência para que, mesmo diante das circunstâncias adversas, imprevisões e dissidências, ele possa sobreviver.

Quando um namoro é movido verdadeiramente por amor, pesa sobre o futuro saber que esse sentimento maior não é o que falam, é o que se faz ser.

Todas as dificuldades encontradas no caminho poderão ser fonte de inspiração para novas descobertas. A sinceridade vale tanto quanto a afinidade. Quando não houver mais sinceridade, alguns pontos até então concisos serão naturalmente dissidentes; o que parecia natural naquela relação assume nova postura, assim como planos e desejos para outra vida em outro namoro.

Se juntos ou distantes um do outro não for suficiente para aprender a ver, daí em diante será tempo para repensar a relação. Esse momento de profundo despertar poderá servir para fortalecer ou enfraquecer a relação. Nada disso é falso, é momento de avaliar o namoro, revelar mais os sentimentos. Às vezes, algo desvirtua aquele momento, como um chamado do coração para uma revelação.

Assumir a difícil tarefa de estar junto pode servir para descobrir que construir não é tão fácil quanto se imagina. Requer, para além do sentimento de amor, equilíbrio, sensatez e paciência, no sentido de dosar as diferenças. Nessa compreensão, respeito e afinidade pesam tanto quanto o amor, em qualquer relação.

Assumir a difícil tarefa de estar preparado para, nessa contramão, ter o sentido da força, da intensidade e da direção desse amor requer o mesmo entendimento de que respeito e afinidade pesam tanto quanto o amor.

Não há amor sem partilha nem afinidade sem companhia. Amor é sentimento e entrosamento. O sentimento de respeito vai ser sempre suficiente para mostrar às pessoas envolvidas em um relacionamento que o acolhimento, a divisão de tarefa e a responsabilidade são ingredientes imprescindíveis. É a trilha perfeita para caminhar seguro e viver um amor verdadeiramente feliz.

Eu, que nesse caminho de namoro nem tenho lembrança de quando namorei, sou uma eterna enamorada de um sentimento que se torna cada vez mais raro – a empatia. O sentimento de me colocar no lugar do outro, de sentir o que ele sente e desejar o que ele deseja traz-me esse entendimento de namoro.

MARIA FERREIRA SILVA

Um ponto de vista

Um ponto de vista não é algo exato, é apenas um modo como se conceber e/ou de se analisar uma perspectiva. Se nem mesmo os cientistas conseguem definir de forma exata esse vírus que causou a pandemia de COVID-19 no mundo inteiro, o que sobra para todos é ainda muita dúvida. Somos bombardeados por informações contraditórias a toda hora e, claro, todos ficamos vulneráveis, radicalizando ou negligenciando a própria natureza da situação.

Creio que manter um meio-termo pode nos levar para a melhor saída. Pensar com equilíbrio é o único rumo neste caminho, visto que não é possível pensar em êxito antes da descoberta de uma vacina ou de um medicamento eficaz para o tratamento da tuberculose com penicilina, por exemplo. Daí o desespero de muitos de nós ao enfrentarmos essa "novidade". A partir do que temos para o momento, resta-nos modificar a vida nos limites impostos. Sofremos a dualidade do que nos impõe a vida ao manter o isolamento para preservar a nossa vida, bem como a vida dos outros, enquanto dependemos de providências externas para cuidados mútuos.

Prometo aos meus que tomarei todos os cuidados, pensando na minha dor e na dor dos outros, mas tenho o entendimento de que o nosso dia está marcado; embora despercebido esteja para todos nós, ele virá nesse tempo marcado, independentemente de estarmos vivendo uma pandemia ou não. Tenho muito amor à vida, mas não tenho desespero pela morte, não! E ainda digo que se você tem a oportunidade de estar vivendo com os seus, aproveite, tire todas as vantagens; faça uma programação de cinema, de leitura, de culinária, de atividades físicas, porque o reconhecimento desse privilégio, com certeza, só fortalecerá essa relação. Imagine-se só, sem ter ninguém com quem falar presencialmente; é cansativo! Pelas linhas deste espaço e pela luz desta sombra, podemos tomar medidas possíveis para ajudarmos uns aos outros, sem conflitos e com menos sofrimentos. Quando aprendemos a contornar os obstáculos fica bem mais fácil alcançarmos os nossos objetivos.

No início de tudo senti medo, pavor. Gradualmente fui trocando por outros tantos sentimentos que nem vou enumerar. Mas posso assegurar que nada foi mais forte do que a vontade de me encontrar com meus pais, e por um motivo bem justo: os dois são idosos. Por terem ficado mais sensíveis e temerosos pela situação, o surgimento de outras doenças não seria descartado. De longe fomos todos tentando amenizar.

Tão cedo não haverá caminho fácil para ninguém, mas creio que haverá um novo jeito de se caminhar.

Uma conversa a cada tempo

Há tempos sonho com tranquilidade, mas, ao que parece, tranquilidade não é coisa para breve, não! Os movimentos imprevistos vão surgindo, desmantelando tudo o que havia sido programado. Isso desencadeia uma verdadeira confusão de ideias e tudo quanto havia sido planejado parece que se perdeu de mim. Parece que fui deserdada por muitos e neste deserto o que sobrou de mais importante foi o afeto de alguns. As relações entre as pessoas e os demais seres da natureza têm chamado muito a minha atenção, para dar-me o seguinte entendimento: estamos construindo um mundo sem amor, com ele aprendemos outra lógica de convivência, desprezamos muito dos modos familiares, alguns códigos de trocas habituais ganharam também novos jeitos de serem encarados. Uma das coisas que mais chamam a minha atenção é a convivência entre os seres humanos sociais e os seres não humanos naturais. Há extremos a analisar nos dois casos: o desrespeito à natureza como um todo, que inclui gente, bichos e plantas; a mudança social dos novos modelos de criação dos animais domésticos.

De um extremo a outro, o que norteia toda a convivência é o respeito. A natureza mais selvagem do homem foi se tornando mais passível de civilização, e a vida social ganhou novo jeito.

Quero começar falando da brutalidade que havia nas relações humanas e que era guardada a sete chaves por medo, vergonha e/ou internalização de que no "impossível" não se deve tocar! Isso que ficou na cabeça merece descanso, mas não esquecimento. Para ganhar um novo impulso de viver um novo tempo, quem não se entregou ao engano de aceitar aquelas conversas como se fossem regras para a vida toda libertou a alma e seu espírito se energizou de lucidez e sensatez, para seguir vivendo de outro modo.

Quero crer, para melhor entender a arte da convivência humana, que revê--la faz parte. Demorou a entender que liberdade é um estado individual de cada um e o seu tamanho deve pertencer a cada um, em conformidade com o respeito ao coletivo. Tudo foi avançando com o rompimento de certas regras, ganhando força no particular e ganhando terreno rumo ao coletivo por meio do conhecimento.

Esses espaços eram muito fechados, pertenciam às famílias e tinham a sua dimensão própria; qualquer mudança nesse sentido demandava muito tempo, porque liberdade parecia crime.

E com o avanço da liberdade o que mudou na convivência humana? Esses avanços foram positivos? Essas reflexões servem para mostrar que todo cenário destinado a uma experiência de vida, em qualquer tempo ou lugar, pode ser de fracasso ou sucesso. Para entender melhor basta saber que o mundo é de todos, que temos o direito de divergir e o valor de cada um, como parte desse mundo, vale mais pelo seu entendimento do que pelos códigos da cultura social.

O que define as nossas atitudes diante do mundo como ser humano e como cidadão está intimamente ligado ao que recebemos do meio social. Como cada um se estabelece no meio em que vive, considerando as inúmeras possibilidades e/ou impossibilidades, eis aí a vitrine mais real da sua vida.

Todos os seres são capazes. Até mesmo aqueles considerados inabilitados por uma deficiência, ou por um desvio de conduta... quando oportunizados corretamente são dignos de conquistas e da recuperação do fatigante fardo da fraudulência, a depender das oportunidades.

Neste mundo cheio de imposições e dificuldades, a dupla dinâmica para uma boa convivência é o respeito e a solidariedade

Para nos libertarmos do sintoma de domínio sobre a nossa vida, a consciência é a célula-mãe. Abrir os olhos para não nos perdermos do amor-próprio e por necessidade ter de vender até a dignidade é a meta. A patologia social, doença da atualidade, maltrata principalmente os mais necessitados.

Permanecerei a oferecer minha "assistência" com a consciência de que as mudanças que penso para cada um são sonhos meus, e não podem ser decisões, por isso mesmo já fui aconselhada – por mim mesma – a inaugurar outro tempo de convivência. E quando o insucesso não for suficiente para mostrar o meu cansaço, que eu saiba me retirar sem culpa.

Tal como já aconteceu em outros tempos não acontece mais; mesmo entre os mais íntimos, a linha do horizonte se perdeu por várias vezes. O excesso de amor ganhou do amor-próprio e nele reza que, quando não mais houver saída, a única saída seja sair.

O diálogo bateu à porta por muitas vezes e algo mais do que simples palavras também, bem ou malsucedidas. Tentativas aconteceram. Raros ou bem poucos são aqueles que acreditam na força da palavra. Eu acredito ser o diálogo o meio mais eficiente para mudar os modos de relacionamento entre as pessoas. Nesse horizonte avisto um produto final como uma boa convivência.

A natureza de toda vivência requer ganhos e perdas. Para sermos "um **todo em uma circunstância**", é necessário o entendimento de que, mesmo divergentes, podemos ser necessários uns aos outros.

O melhor de cada um é o seu lugar, mas nem sempre o seu lugar é o melhor para cada um. Na partilha de um todo, a minha fatia pode não ser a desejada, mas, sim, a possível.

O signo do transcender já passou por minha vida, diversas vezes, e o prodígio de um amor já ficou reduzido a pequenas extensões, também por diversas vezes. O equilíbrio, porém, nunca se perdeu, perdi apenas o amor para fazer brotar de outro jeito um novo amor, porque é possível que todo fim seja um novo começo.

O sentido das pequenas coisas

Assim vivia ele, o meu pai. O diálogo diário que mantinha com suas raízes era suficiente para torná-lo feliz. Trilhou esse caminho por anos a fio e não se cansava de nos dizer ser um homem feliz. Independentemente de alguns percalços vindos do seu entorno, conhecíamos a sua felicidade.

Penso que o sentido de tudo estava nas coisas simples; algumas coisas que aparentemente tinham pouco valor para uns, para ele eram significantes; dito sempre por ele: "não é o tamanho da coisa quem determina o seu significado". O seu verdadeiro valor está na essência, por isso, mesmo não tendo o sentido de suprir, satisfaz.

A vida traçou inúmeros cenários, mas o que ficou vivo na nossa memória foi o da simplicidade.

Todos nós dizemos que o homem não morre quando deixa de viver no nosso meio, mas não conseguimos preencher o vazio que fica com nada deste mundo. Com a morte do meu pai, parece que certas lacunas nunca mais serão preenchidas. Um exemplo está em pequenas coisas que fazia. Pela lógica da natureza, parece que ninguém vai fazer igual.

Tentar alinhar a vida distante da sua presença não tem sido fácil, a sua gentileza ao ir buscar, mesmo sem o nosso consentimento, coisas para nos presentear, nos agradar, são memórias para guardar no fundo da alma. São passagens repletas de significados, que enchem o coração de saudades, não tem como mensurar em tamanho e importância. Aprendi a enxergar com os olhos da alma que ninguém sabe descascar um abacaxi como ele. Antes de descascar fazia um ritual, amolava a faca com muito cuidado; depois, o descascar cortando em rodelas e o convite para degustar era uma festa. Era o seu jeito de transformar tudo em alegria.

Gostava da labuta da casa, foi presença contínua até o dia que viveu no corpo. O café da manhã era tarefa sua e acordar todos era o seu prazer.

Trabalho não lhe faltava. Para nós, era excesso; para ele, complemento. Na maioria das vezes cantarolando, assobiando e brincando com um ou outro, mostrava que desafiar os fios que tecem a felicidade não tem receita pronta.

Na angústia de lembrar dessas "coisas pequenas", quero mostrar que o absurdo que transforma não é grande, mas é forte e marcante!

Amor para sempre é uma proposta

Para quem pensa que o amor é uma peça que se insere bem em qualquer espaço, tempo e lugar, é bom não se furtar de tomar consciência de que amor é uma essência que brota do coração, mas precisa de alimento para se consolidar. Dentro desse entendimento há muito a se decifrar.

Dos recursos que auxiliam a suprir as necessidades do coração estão, para além do amor, outros sentimentos que fortalecem a relação. São eles: afeto, carinho, empatia, compreensão, partilha, respeito... Esses alimentam a relação na vida cotidiana e servem para amenizar o contraposto: discordâncias, deslealdades, incompreensão, incompatibilidade, carência, desrespeito... A depender do quem ganha força no desejo de consolidar essa relação, a colheita pode ser farta ou não. Este espaço a ser preenchido de afeto e admiração, em um tempo garantido por presença, partilha e contribuição, se torna lugar para viver e/ou silenciar os acontecimentos da vida.

Amor é troca, mas entre os humanos alguns ainda remetem o amor à ignorância da propriedade. Essa coisa grave sempre existiu nos relacionamentos humanos, mas, graças à força da compreensão de que ninguém é propriedade de ninguém, essa violência vem ganhando significativo enfrentamento por parte da sociedade, por meio de leis e amparo, em especial à mulher.

O sentimento machista sempre combinou bem com a prática de muitos crimes, é um encaixe perfeito para transformar o belo em feio, o perfeito em desordem e até vida em morte.

Talvez uma forma de evitar essa violência seja findar a desigualdade entre sexos, porém isso só será possível quando houver clareza de que não há superioridade em face de gênero e, sim, em consequência de capacidade, habilidade e conhecimento.

A troca de domínio pelas práticas de excelência e humanidade se apresenta como o melhor caminho para refletir sobre um tema como esse, que ainda anda longe da consciência propriamente dita.

É imediato que homens e mulheres com o mesmo sentimento machista, ao se sentirem donos do amor pelo poder, reconheçam expropriação, enganos e controle de sentimentos como crimes.

O amor, para ser verdadeiro, deve ser desprendido de posse, por isso eterno somente enquanto dura.

Confundir amor com posse é perigoso e pode até virar propósito. Quando a sensação de cansaço chegar, não a subestime para não chegar ao limite da exaustão. E o "até que a morte os separe" finda em morte por violência.

Amor agora e para sempre, só o amor de Deus...

Aquele amor maravilhoso pode ter sido tão somente uma proposta.

Quando o mundo desaba

Por diversas vezes na vida meu mundo desabou, vi tudo ruir, pensei ser o fim e era fim mesmo, mas de algo que marcou com força a vida e não conseguiu sobreviver. Foi pela perda de uma vida, de um amor, de uma amizade, de um emprego...

Pela significância de cada perda, em cada tempo, compreendi que sonhos e frustrações frente à vida exigem de nós fazer de cada realidade uma passagem.

Some tudo que contribuiu para pensar que seu mundo desabou e verá, por um olhar adulto, que perder algo não é motivo para entregar-se ao desânimo. A estrutura de toda existência carrega consigo uma imensidão de desafios. Aprendi desde muito cedo a enfrentar as situações difíceis como sendo parte importante do sentido do meu próprio existir. A fuga a qualquer desconhecimento sobre as vicissitudes da vida só vai torná-la mais difícil. A experiência de vida nos mostra que um projeto, mesmo pensado e bem articulado, pode não surtir o efeito desejado.

Para avançarmos em alguns conceitos sobre as coisas e as pessoas, é importante entender que a vida exige planejamento, determinação, isso não implica dizer que o que foi sucesso para um será para todos. Uma mesma receita não cura o mal de todos da mesma forma, porque somos diferentes, vemos e sentimos diferentemente a mesma coisa.

As dores emocionais de cada um têm o tamanho da visão de cada um. Coisas insignificantes para uns são significativas para outros, o que me faz pensar que, na fé e no absurdo do contrário, a dimensão de cada existência escapa a qualquer descrição.

A medida para reconstruir um mundo de amor é conhecer o amor em detalhes. Aceitar as diferenças com a convicção de que malevolência e despropósito existem nas mais distintas relações.

Ninguém deve pensar que o mundo desabou porque, despercebido do que é o mundo, perdeu uma oportunidade, desmanchou um namoro ou uma amizade. É indiferente!

Nunca olhei o desdobramento desses acontecimentos com o mesmo cuidado de hoje porque tudo parecia ser o minuto de uma história, mas a idade chegou e as perdas, por mínimas que sejam, parecem imensas.

Presente de grego

Quando visitei a Grécia, fiquei bastante enamorada pelas coisas de lá. No horizonte de uma tarde, me veio à memória aquela expressão tão conhecida: presente de grego!

Presente de grego é uma expressão popular usada para representar alguma coisa que, ao invés de agradar, causa prejuízo e/ou desgosto a quem a recebe.

Todo mundo, pelo menos uma vez na vida, já ganhou algum presente de grego, no meu caso, já ganhei vários – de diferente tamanhos e formas.

Todo presente merece atenção, até presente de grego. Geralmente deixa o coração aflito porque sua força tem o sentido contrário e isso não é conto de vigário, não, é força de quem recebe até um puxão de orelha com a devida atenção. De todos os presentes de grego recebidos, um deles chamou mais a minha atenção. Parecia coisa de verdade, mexendo com os encantos da memória para desencarnar os segredos mais guardados que tinha no coração. Por todo caminho à procura cheguei a esta constatação madura: as coisas mais complexas e por vezes tão bem guardadas podem servir para revelar a fraqueza do ser humano diante de um presente de grego.

Não tenho vergonha de revelar que esse presente de grego me levou a confissões que, até aquele momento, nem a Deus confessava! Peças que a vida prega sem avisar, porém é certo que nada acontece na vida por acaso. Se não fosse presente de grego, jamais essa história seria revelada.

Não dá para afirmar que receber um presente de grego foi bom ou ruim. Quando fui tomada pela surpresa de "um amor fora do tempo", o primeiro passo foi observar com cuidado os aspectos gerais, depois adentrar a sua trajetória e, pelo entusiasmo, aceitar por mim mesma que "só se aprende a amar amando"!

Inicialmente, tudo parecia flores, cores e sons; na contemplação do dia a dia, o entusiasmo foi perdendo a sua essência e eu fui me sentindo aprisionada por tantas dificuldades. Experimentei o gosto amargo da insatisfação, o querer prazeroso tornou-se um querer claudicante e aquele círculo mais íntimo ficou muito distante.

Acabada a festa, as flores, os matizes e os sons explicam que entre uma vontade e uma impossibilidade o que ficam são as lembranças.

Desse presente de grego tirei boas lições. De onde se vê o impossível, vivi muitas possibilidades.

Pouco sei

Todos temos, com a melhor das intenções, uma receita pronta para resolver os problemas alheios e eu sei – a intenção é a melhor possível. As regras para a boa convivência parecem perfeitas, não fossem as particularidades de cada um, daí porque até um bom propósito não faz muito tempo que eu pensava saber tudo ou quase tudo sobre a vida. Tinha tanta segurança sobre a qualidade dos afetos que, fascinada pela minha certeza, não temia a existência de tantos inimigos no caminho. Gradualmente fui descobrindo que os nossos próprios modos de relacionamento por vezes se tornam o nosso maior inimigo. Os tantos códigos indecifráveis que a vida nos presenteia, dia a dia, espantam, mas também nos convencem que pouco ou quase nada se sabe da vida.

Houve, pois, esse tempo em que pensei saber tanto! Hoje estou convencida de que pouco ou quase nada eu sei. A vida decorre de um percurso de tempo e ações que moldam histórias que dela, pelos mais diversos motivos, nos desgarramos e como se diz: "Era uma vez...".

Levada pelas adversidades da vida, foi entre parentes, amigos e outros a quem não imaginava encontrar que essas relações se tornaram tão claras para mim. Descobri que muito do que imaginei ser significativo entre estes não tinha significado algum. O motivo pelo qual eu via importância tinha um sentido ilusório de reconhecimento e não tinha como deixar de ser. Desde muito cedo carreguei comigo uma carga de responsabilidade por ser a filha mais velha de uma família numerosa. Embora, com o passar do tempo, passei a entender que a maneira de fazer e de entender de cada um é própria de si, o gostar desagrada, porque mesmo sendo diferentes podemos ter perspectivas no mesmo caminho de amor, respeito e comunhão.

Meu pensamento de amor foi insuficiente para abarcar tamanha carga, também não se tornou milagre para sustentar, mas soberanamente gravado no imaginário aprendeu a caminhar de outro modo. Talvez tenha servido para repensar com os demais o teor da convivência humana, incluindo os valores da família e das amizades, em um contexto de reciprocidade!

"Quando a vida se perde da sedução, os relacionamentos se perdem também das suas obrigações".

Vejo que para atravessar certos percursos, renunciar a uma "identidade" não deve ser considerado sacrifício, mas transformação de vida. "Nada teria a entender não fosse sentir as transformações no mundo mesmo". "Perder-me e achar-me ocasionalmente" foi e será um exercício de aprendizagem; graças a ele, estou avançando na tarefa de sentir a dor da distância de sobrinhos, irmãos, amigos e outros como um fator natural e inevitável a toda categoria de relação.

A melhor forma para se viver bem é buscar no autoconhecimento a renovação do estilo de vida com a mesma compreensão para o outro. "Distante de mim, mas entranhado nos meus sentimentos, vivamos sempre".

A comunicação e seus efeitos maléficos

Se a comunicação estivesse tão somente a serviço da verdade não existiria tanto espaço para dúvidas, enganos e mentiras sobre o que deveria ser somente verdade. Por vezes a comunicação parece tão perfeita, tão bem engendrada, que parece mais verdadeira do que a própria verdade. Um caso bem comum nos dias atuais acontece com os meios de comunicação, em especial com as redes sociais. São tantas mentiras, falcatruas e milagres que nem Deus dá conta da causa, e o alvedrio fica à mercê dessa engendração e, mais grave, com o aval de grande parte da população.

Elas nascem no íntimo pensar humano, ganham a fama nas redes sociais e em pouco tempo seu objetivo, à vista de todos, ganha adesão por doação ou venda. Uma vez nas redes sociais, qualquer mentira pode se tornar verdade.

Infelizmente, a ganância se tornou uma máquina de arar a consciência. Ela vai "levando no eito", como se diz. Sem critério nem regra, as redes sociais esbanjam indecência, ampliam mentiras e outras mais, sem nenhum constrangimento, desde que as condições sejam favoráveis à multiplicação de seu patrimônio. Não interessa se é por expropriação de consciência e por valores morais.

Às vezes, fico a pensar se para os poderosos dessas mídias Deus é uma coisa remota, que longe desse tempo não vê nem se incomoda. Será que o império que bebe nessas fontes não precisa de Deus, por ser suficiente para matar a sede de quem vive por viver de moda?

Exercito-me diariamente para fazer das mentiras motivo para entrar em oração, comprometendo-me em não cair jamais nessa maldição. Peço a Deus todos os dias: "Fazei-me sem voz e sem olhos neste caminho, para que eu consiga seguir sem maldade e ambição, mesmo que por dias e noites sombrias eu tenha que viver contrariedades. Nunca, Pai, me deixe alcançar a qualquer custo qualquer horizonte".

Dedicar-me, ao contrário, à esperança de encontrar o certo foi minha proposta de vida por anos. Mentiras e verdades moram no mesmo mundo. É evidente que ninguém é dono da verdade. Para deixar que o meu verdadeiro seja reconhecido, o que digo e prego deve ser verdade para todos.

Muitas vezes já vi a teoria seguir por um caminho e a prática por outro. As mentiras podem até se tornar verdades por pensamentos diferentes. Para entender melhor basta sentir o tamanho do desejo que temos de selar como verdade a nossa verdade.

A distante viagem entre a mentira e a verdade existe, mas, assim como a Terra e o Sol distam milhões de quilômetros, de tal modo comparemos mentira e verdade; cada um pode fazer a sua interpretação.

O que procuras é o que desejas? Eu ainda sinto firmeza em distinguir mentira de verdade; graças a Deus, ainda levo comigo o rumo nas minhas mãos.

Já as minhas perspectivas de alcançar evolução junto às tecnologias ainda estão bem distantes das minhas preferências. Não tenho muita paciência para aprender e me sobressalto de vez em quando com o meu simples afazer.

Sou tão rica desses sentimentos que não tenho ganância alguma por dominar esses avanços, assim como nenhum desejo tenho de enricar financeiramente; daqui nada vou levar. Tenho clareza de que a maior riqueza que Deus me deu foi força e sabedoria para nortear o meu caminho. Tudo que ainda me inquieta não é meu. O que não me agrada é mais parte dos outros e do meio social do que de mim mesma.

Penso que mesmo já nesta idade há muito que fazer; peço a Deus sobriedade para cumprir o que ainda me incumbe fazer e, na mais absoluta disposição, que eu saiba me desapegar de tudo que não me der tempo cumprir. Peço ainda que, se eu merecer, quando decidida estiver a hora do meu último voo, que seja ele breve, de um galho para outro. Não estou me despedindo de nada, apenas dizendo assim: pronta estou porque não guardo reservas para amanhã, vou tentando cumprir dia a dia o que a vida me impõe. Muitas das decisões não são minhas. Ao fim de cada dia presto conta a Deus e a mim mesma. Agradeço, reclamo e peço que, se o que ficou sem solução for da minha incumbência, que Ele guie os meus passos nessa direção. Converso com Ele pelas minhas orações pessoais: *"Senhor, eu tentei, dei tudo de mim, obrigada pela Sua presença. Sua força moveu cada passo, enxugou as lágrimas na hora do desânimo e, graças ao Senhor, continuo viva para recomeçar amanhã".*

MARIA FERREIRA SILVA

Um encontro entre a consciência e o imaginário

Consciência enquanto sentimento de dever e discernimento é uma companhia imprescindível para qualquer um.

O sentimento de moralidade cultivado no individual, quando é compartilhado, se torna coletivo e, assim sendo, cada um pode assumir o papel de contribuir, abraçando uma causa como um compromisso de ensinar e orientar os mais vulneráveis contra as injustiças.

A educação, como formadora de conhecimento, hábitos e práticas sociais, substanciada pelo respeito às regras de convivência na família, deve ser estendida para a sociedade na totalidade. Essa lição permite entender que o desejo de receber deve ser equivalente ao de merecer, com isso, o caminho para viver com consciência está aberto. Esse produto de convivência coletiva geralmente tem raízes nos movimentos escolares, adentra pelo trabalho e avança pela sociedade de modo geral. Com um papel comunitário ou partidário e positivamente engajado, é possível construir uma ponte de inclusão entre uma parte e outra da sociedade.

O sentimento de justiça é uma consequência de quem tem consciência; é o que há de mais valioso em uma pessoa. Ela andou perdendo sentido frente a tantas injustiças praticadas nesta nação ao longo do tempo. O mundo precisou mudar suas práticas em detrimento das mudanças comportamentais. Aquela regra rígida que dizia que homem só podia se casar com mulher teve que abrir exceções e isso foi um tapa na cara do preconceito; assim foi para tantos outros direitos até então excluídos que tiveram de ser revistos. O velho mundo permanecerá em pé abraçado a todo tipo de preconceito e segue na amargura de ter que aprender que certas significações pertencem ao novo mundo, mas é responsabilidade de todos respeitar.

Evidentemente, é preciso entender o quanto é custoso para alguns aceitar, porque o conservadorismo fez uma lavagem cerebral e ele permanece fiel. O sentido para se curar desse mal é o respeito.

A liberdade e a opressão sempre foram inimigas e desmantelar essa eternidade é papel da educação. A única chance de a humanidade conviver pacificamente é pelo respeito, basta saber que o modo de gozar a liberdade não é o mesmo para todos. O que é liberdade para um é exagero, imoralidade, falta de vergonha para o outro, por isso viver a liberdade é relativo. Posso me sentir liberta dentro do meu apartamento porque estou como gosto, faço o que gosto, mas e o outro, vai entender isso ser liberdade? Claro que não! Porque liberdade remete a um sentido amplo, e isso exige desfazer, abrir caminhos, quebrar paradigmas, reagir a absurdos... mas o ponto que chama atenção nem parece ser liberdade, mas desrespeito à liberdade. Assim, entender que seu direito acaba onde começa o direito do outro há de servir para ir mostrar que todas as circunstâncias apontadas nos remetem ao respeito.

Sobre os segredos que todos nós temos relacionados à liberdade, pairam muitas dúvidas. Para infringir as regras que me privavam de liberdade, reagi a muitos absurdos, mas reavendo esses absurdos, fiquei severamente agradecida por alguns limites. As pessoas eram ignorantes, mas amavam de verdade, faziam como medidas de proteção e sofriam do mesmo mal, da falta de liberdade. Quando me vi com toda a liberdade de ir e vir, de fazer como bem-quisesse, me reduzi ao pouco que sentia prazer. A liberdade era tão grandiosa que parecia não estar ao meu alcance e sabe por quê? Porque não tinha mais aqueles olhos me vigiando. Foi nesse encontro com a consciência que passei a valorizar o limite. Ele não mata a liberdade, mas ensina o respeito.

Nesse encontro com a consciência, tive a oportunidade de rever alguns conceitos como:

não dê para o outro o que não deseja para si;

uma consciência limpa vale mais do que um tesouro;

quanto mais consciência social, mais pacífica será sua consciência.

Já ficou a pensar sobre as coisas que não deu tempo de fazer, de entender, mas não dá para ignorar porque custou caro a vida, porque deixou cicatrizes e feridas, mas pela consciência viu que não é só plantando sonhos que é possível colher resultados? Que ainda precisa ir mais longe, porém já tem meio caminho andado?

Pois bem, ensinar a sonhar pode ser utopia, sede de justiça vazia, contudo é um testemunho de consciência que não se pode ser ignorado. Já iludi muito dos meus dias tentando fazer o que não devia, não por mim, mas tateando acertar no desejo do outro, o que muitas vezes este nem sonha; não conto as vezes que já me senti falida nesta lida de entender o ser humano.

Com certeza, o distanciamento de hoje será vazio amanhã. As suas palavras, seu carinho, sua presença jamais poderão ser comparados com um copiou, colou!

Tudo é tão automático nesta geração que perdemos a dimensão do que é real. Parece que está fora de moda, e se é a moda que nos guia, o que fazer? Copiar e colar?

O fenômeno rede social moldou o sentido de educação e o esplendor das coisas simples agora é brega, feio e está em desuso, assim como o sentido de família, onde se faziam os primeiros plantios de afeto, amor, respeito, solidariedade.

É a modernidade que nos faz atravessar este imenso terreno baldio, onde se vê, mas não se enxerga. Ele é realmente assim, por isso me recuso a me perder da minha consciência.

Ficar fora de moda por alguns intervalos é mostrar que tem estilo sem dizer quem você é.

Uma conversa entre o Mihor e Pihor

Antes que eu lhe pergunte, Mihor, já posso afirmar que estou curioso para saber do que deseja falar!

Ora, pois, veja bem! Agora mesmo acontece na vida o que jamais prestei sentido em ser – uma pessoa ruim. Parece que de tanto insistir em querer ser bom, acabei conquistando o oposto. Mostrar insistentemente que nas relações o que se precisa estabelecer é a partilha e não o egoísmo. Foi sempre essa a meta.

Evidentemente que é preciso entender o que significa "ser melhor e pior" não somente em uma situação. Minhas perspectivas, convicções e interesses sempre foram compromissos declarados em oferecer o melhor de mim naquilo que entendesse ser bom para o outro no momento exato da sua necessidade.

Deixei de fazer muitas coisas por mim, para fazer para outros, por entender que pela lógica da convivência essa disposição era quase uma obrigação. Talvez o grande mal tenha sido querer fazer demais, sem o devido consentimento do outro. Porque não é precisamente o que se imagina ser bom para o outro que é.

Pihor virou as costas para Mihor em sinal de desprezo e falou:

— Ali do meu canto reservado, observava seu esforço em se mostrar melhor que eu, mas a lei da vida, com seu próprio rigor, faz do seu jeito.

Pihor ainda falou para Mihor:

— Escute aqui! Primeiro, ouça o outro antes de oferecer seus préstimos. Não escolha, relute contra você em querer oferecer sem que o outro se mostre disponível para receber. Agora, sem mágoa, aconselho: dê-se por encerrado.

— Pois é, Pihor. Foi necessário entender que mais vale um desejo suprimido do que um rejeitado. E entre uma oposição a um estilo de vida e suas razões para viver diferentes experiências de relacionamento, o que vale mais para cada um é aprender a levantar sozinho dentro do seu contexto. Na verdade, Pihor, há tempos sentia ser demasiada esta minha intenção de querer ajudar, mas, confundida cada vez mais na minha inclinação em "fazer o bem", segui anos a fim. Comecei a pressentir a minha fragilidade nesse segmento ao me perceber minimamente acolhida e descobri ser cada vez mais raro receber um elogio da parte de quem tanto acolhia. Foi aí que entendi que quem recebia ajuda e benefício tinha outra compreensão, a de que esse sinal de presença era como um aditivo artificial de proteção.

— A palavra "crise" parece estar incorporada a você, Mihor. Penso que há entre essas pessoas, com as quais tinha tanta proximidade, uma oposição ao seu estilo de vida e a respeitar suas demandas, e uma fórmula feliz para explicar é aceitar.

— Até bem pouco tempo, Pihor, me comprazia nesse desejo de servir. Hoje, sinto um tédio enorme. Fico pensando: como durou tempo meu deslumbramento em representar esse poder!

— Mihor, não fique triste, não! É cada vez mais raro uma relação se manter indeterminadamente em todos os seus aspectos. A significação da natureza de uma convivência, hoje, depende mais dos avanços no campo do conhecimento do que dos valores, já que tudo parece estar liberado, inclusive ser desrespeitoso, mal-agradecido, ingrato... Muitos esquecem que, mesmo vivos, podem se tornar pessoas supostamente mortas em um determinado prazo, caso o desastroso modelo de convivência assim continuar. Não se dê por vencido, não! A vida segue e mais do que um rompimento fica a compreensão, Mihor, de que seu propósito não tinha domínio de apropriação! Mas assim foi entendido. Ainda digo para você que para o momento vale mesclar os sentimentos e, sem radicalizar em uma nova identidade, conduzir a vida por outro caminho. É provável que, por outro tipo de aproximação, ainda possa restabelecer essa relação. Uma coisa é o que acontece e a outra é o que se entende. Entre aquilo que de fato aconteceu e aquilo que se conseguiu entender, talvez esteja o ponto de equilíbrio entre o que é melhor e o que seria melhor e o que é pior ou o que seria pior. Ninguém é totalmente ruim nem totalmente bom. O fim e o começo para cada coisa quem determina é o tempo. Ele é remédio para tudo, com um novo olhar para a vida, para as pessoas, para as amizades. Esse fim poderá ser um recomeço. Reviver o sonho de sentir a vida, "juntos, porém distantes", será uma nova conquista.

Uma noiva abandonada no altar

Se as pessoas olhassem mais para os humanos e sentissem o quanto são profundos os seus sentimentos de ambição, vaidade e maldade, não permitiriam depositar tanta confiança em um "conhecido nunca explorado".

Penso que hoje não sei e talvez nunca saberei expressar o sentimento que precisaria saber. Parece sentimento de uma noiva abandonada no altar. E foi há tanto tempo! Guardei em umas caixinhas inacessíveis até surgir uma oportunidade para desabafar.

A revelação vai acontecer assim: metaforicamente, seremos outros.

Se não me falha a memória...

Flora, totalmente alheia ao mundo da Justiça, precisava ajuizar uma ação. Por vezes, essas relações entre pessoas comuns e Justiça estabelecem uma lógica tão distante que vagueia no pensamento serem dois mundos. Isso acontece porque o saber judicial parece ser algo inacessível e muito distante das pessoas comuns. Para ajuizar uma ação, vale colocar esses dois mundos frente a frente sem temer tentar desvendar.

Chegou o dia de ajuizar a ação. Flora adentrou aquele anteprojeto de advocacia por indicação e começou provisoriamente a tomar pé da situação. Meio atordoada, olhou atenta para o ambiente e depois para as pessoas. Ali, à sua frente, estavam três jovens bonitos, bem arrumados, de paletó e tudo. É que a profissão exige essa formalidade, ao que tudo indica, para demonstrar autoridade. Os três são muito simpáticos, educados e atenciosos.

O ambiente era de uma precariedade que dava até pena! Três profissionais, um computador e duas ou três cadeiras para receber os clientes.

Flora falou:

— O que me trouxe aqui foi a indicação de um advogado e a necessidade de entrar judicialmente com uma causa. Infelizmente, posso afirmar que alguém me roubou quando não me entregou um bem que comprei.

Um dos rapazes perguntou:

— O que comprou?

— Comprei um apartamento com garagem e recebi sem garagem.

— Por que recebeu sem garagem?

— Por necessidade, estava despejada do imóvel onde morava, aguardando uma cirurgia em uma das pernas. Sou portadora de deficiência física e não podia mais esperar! Ao fim desse primeiro contato, a primeira impressão marcou muita curiosidade. Flora, acostumada a frequentar escritórios muito chiques quando a demanda era advocacia, olhou para aquele universo e, como nunca havia estado em um escritório assim, reservou para a observação juntar as duas realidades; voltou o pensamento para um passado não distante na grande cidade e pensou consigo mesmo: "Se daquele canto tirei água de pedra, vejo isso aqui ter o mesmo sentido".

Pelo pensamento de Flora, passavam cenas como se fosse um filme. Via o árduo trabalho e o seu resultado exitoso lhe dizendo com muita força: não é o ambiente que determina a valia de um profissional, mas o seu esforço, determinação e compromisso.

Para firmar que se se sentia entre o real e o imaginário. Flora olhou para os advogados, Dr. Leo, Dr. Tavi e Dr. Berto, e entre os três já fez sua escolha.

Pela conversa inicial, escolheu o primeiro para contar a sua demanda e já foi dizendo:

— Não tenho dinheiro para pagar inicialmente porque estou fazendo um tratamento de saúde.

Sem que a deixasse se alargar pela conversa, o Dr. Leo falou:

— Darei andamento ao seu processo com a responsabilidade de um jovem advogado que está iniciando, mas posso garantir que terei a mesma responsabilidade de quem me indicou. Vamos ajustar que receberei ao final, ou seja, somente quando ganharmos a causa, porque você tem toda chance de ganhar: comprou, pagou e não recebeu.

— Pois é! Comprei um imóvel com garagem e recebi sem garagem.

Depois da conversa, assinou os papéis e foi para casa; não demorou muito para haver a primeira audiência e ela sentiu a possibilidade. Tudo levava a crer que realmente ganharia a ação, mas para sua insatisfação chegou um comunicado em que o transmitido dizia: "A partir de hoje não serei mais o seu advogado, estou passando sua causa para outro colega daqui deste mesmo escritório. Seu advogado de agora em diante será o Dr. Tavi, que vai trabalhar com a mesma determinação para ganhar a sua causa".

Como já tinha laços de afinidade e confiança com o Dr. Leo, ficou triste, porém não reclamou!

O segundo encontro já não foi mais naquele lugar sem recursos. O escritório havia mudado para um bairro nobre. Era chique, denotava requinte e sofisticação, parecia uma plataforma para vender sonhos. Dr. Tavi, bonitão, charmoso e galante, combinava bem com o ambiente, porém um sentimento inquietante parecia querer chamar a atenção de Flora. Mesmo temerosa, pelo sentimento resolveu ouvi-lo. Este se mostrou atencioso, porém Flora, atenta às palavras da irmã para ter cuidado quando desses sentimentos na hora de fechar um negócio, respirou fundo, ignorou suas palavras de que, por esse sinal, as arcanas marcam o futuro do tempo, para continuar essa encruzilhada, mesmo com medo.

Era à procura de respeito e humanidade que estava e esse sentimento de medo por uma espécie de desconfiança era como um aviso. Pelo ofício da advocacia, nas suas mais distintas facetas, muito pode se esconder, porém, sofrer por antecipação só vai deixar um clima de confusão.

O que aparentemente sentimos como certeza pode ser o contrário e/ou vice-versa. Quantos absurdos não vemos acontecer todos os dias!

O desejo de reverter a situação era forte, o sentimento de medo também, mas depositar confiança no advogado era fundamental, uma vez que ele demonstrava seriedade no acompanhamento do processo.

Dúvidas de que poderia ser traída por uma decisão contrária não faltam para quem tem processo na justiça e quem alimenta esse sentimento são as contradições da própria justiça.

O dia marcante chegou; final do processo, última audiência, a juíza falou de forma bem enfática ao advogado da construtora.

— Você tem o prazo X para pagar, sem haver mais nenhum espaço para questionamento, porque os documentos mostram-se suficientemente como provas de que a senhora Flora comprou, pagou e não recebeu.

Dr. Tavi, um tanto emudecido, não esboçou ação. Saiu daquela sala sem nenhuma conversa, mas no dia seguinte ligou para dizer que Flora não planejasse nada com o dinheiro. Então ela perguntou:

— Mas por que, doutor? Eu ganhei. Ouvi da juíza não haver mais espaço para questionamento.

— Pois é! Mas eu recomendo não planejar e aguardar mais um pouco.

Passado algum tempo... o escritório ligou para avisar que havia perdido a causa e que teria que pagar o advogado da construtora. Perguntei:

— Mas como? Isso não pode ser verdade.

Porém, seria inútil explicar para aquela pessoa e falar com Dr. Tavi, nem pensar! Nunca mais atendeu ao telefone. Esse golpe de mestre, por si, estava explicado. Parecia estar escrito nas estrelas. Nesse dia. Flora, acabava de chegar do hospital, de uma cirurgia de catarata, mas não foi possível segurar as lágrimas, chorou até esgotar a última gota. Sua alma parecia encharcada de sangue, com as mãos na cabeça, perguntava "Meu Deus, que ofício é este que, usando o sentido de humanidade, comete a barbárie da desumanidade?".

O sentimento de quem foi abandonada no altar tomou conta de Flora. Não podia ser diferente.

Após ter mostrado o caso para vários advogados, foram unânimes em dizer que o Dr. Tavi deixou o caso correr à revelia, oferecendo oportunidade para a perda da ação por sua negligência.

A pergunta que fica é: por qual motivo faria isso?

Vantagem oferecida pela outra parte? Esquecimento? Problemas pessoais?

Todas as perguntas permanecerão vazias para sempre.

No coração de Flora ficou a evidência de que o esquecimento do dever foi proposital, quando ele (o advogado), conhecendo a decisão da juíza, ligou para ela não fazer plano com o dinheiro, talvez porque o ganho financeiro fosse maior.

Para entender essa conversa, agarre-se a tantas injustiças cometidas por quem deveria fazer justiça, tendo o devido cuidado de não colocar todos os advogados no mesmo pé de igualdade. Existem advogados e "advogados", porém não se esqueça dos sinais de alerta.

Parece refrão

O que se assemelha a um refrão
É na verdade uma repetição
Do mesmo crime narrado
Em diferentes circunstâncias
Em busca de uma solução.
Pela ausência de lógica
e seguindo pela humana contradição
foi necessário procurar nos locais
Que sabia ser o certo a buscar:
Nos locais onde a justiça do homem é aplicada;
Onde se idealiza um estilo de justiça mais humanitário;
No significado da crença na justiça divina.
Pelo aspecto aqui exposto
Para toda realidade que se inverte
Por mais longínqua que esteja
Não seja ela objeto para se abster de mostrar
Para não incorrer no mesmo risco
De outros crimes vir a alimentar
Pelo sentido de abismo e incerteza
descrito na exposição
Renúncia e resignação não são contribuição
Para atingir o caminho de evolução
Seguindo por esse passo sem direção
O absurdo de confrontar

Faz um juramento aceitar
Juro a mim, ao homem e a Deus
Que enquanto não converter
A natureza dessa ausência
Serei uma eterna persistência.

MARIA FERREIRA SILVA

Simbologia

Da expectativa de justiça
Sobrou sua simbologia
Em um vitral de coisas antigas
Encenadas como se fosse um teatro.
Formosos, distantes e poderosos, os símbolos
Tão longe de quem procura por justiça
E tão próximos de quem se ilude
Com a arte de fazer justiça,
Parece coisa de ficção
A balança pesa, mas nunca tem o resultado exato
A espada defende a lei, mas não pune os injustos
E a deusa Themis, com a venda nos olhos,
Mostra o tamanho da cegueira
O martelo silencia qualquer alteração
O livro e a pena recebem apenas a petição
A beca majestosa representa o poder da posição
A coruja que representa sabedoria
Parece viver de artimanha no dia a dia
Mas diante de toda simbologia
Que representa essa grandiosidade
Deixo para toda Majestade
Que cada um faça por corresponder
Ao que é da sua responsabilidade.

Compêndio

A coragem de ir às raízes da justiça para desencravar sua majestade foi como viver uma cena de teatro nunca imaginada.

Para falar de justiça, antes de tudo foi necessário adentrar pela sua simbologia e sob seu julgamento, tão cheia de mistério, foi preciso falar sobre as suas contradições.

Essa motivação ganhou impulso em alguns momentos da vida, quando o sentido de justiça atravessou o de injustiça e a realidade invertida pelo sentido negativo deixou um gosto amargo, com um pedido de reparação.

Escrever sobre justiça e suas discrepâncias para um leigo é temeroso. Assusta pelo seu poder, assim como limita pela ignorância sobre ela. É como aceitar o que diz este provérbio: "Quem PODE, pode e quem não pode se sacode!".

Os difíceis paradoxos são um convite ao desafio e meu testemunho motivou desafiar-me...

Para o leitor e para os críticos, uma oportunidade de refletir justiça sobre um ponto de vista não convencional.

Para atravessar o pessoal e refletir a complexidade da justiça em dois tempos, passado e presente, e não tornar mais cansativo para o leitor, recolhi para meu acervo outros itens idênticos que permanecerão adormecidos no tribunal.

Não é para repetir o passado, mas conhecer a história. Não é para desafiar o poder, mas compreender a justiça é uma meta.

A história de uma jovem idosa

Era uma jovem idosa *"Em busca de um ouvir"*. A denominação "jovem" ganhou força na força das coisas que tinha para realizar e nas outras que surgiam do inusitado para a vida desmantelar.

Uma má vizinhança, que já era companhia há anos habilitada nos moldes de uma campanha eleitoral recente, abastecida de ódio e desrespeito, adotou a mesma postura para sua rotina diária. O extremo dos seus desacatos era praticado por meio de diversos ilícitos que, desacordados das regras condominiais, passaram a ter o sentido de normalidade. Um projeto de maldade foi arquitetado com o propósito de tirar a paz. Era uma espécie de tortura com tempo e hora determinados.

A jovem idosa, diante da dificuldade, passou a ocupar o tempo com outros afazeres em busca de defesa, principalmente em busca de um ouvir. Foram dias e dias com esse propósito, sem saber o que vai acontecer. Escreveu sob a forma de um diário, expondo sua rotina e desfiando todos que o exposto não era uma mentira.

Bateu na porta do condomínio em primeiro lugar.

Bateu na delegacia do idoso querendo um crime poder revelar.

Bateu na Promotoria do idoso pensando que lá ia equacionar.

Bateu na porta da imprensa com o intuito de tornar público um "episódio absurdo, uma espécie de tortura" que, visível aos olhos e ouvidos de poucos, merecia a força da comunicação porque suscitou dúvidas por todo o percurso por onde passou.

O condomínio como gestor da propriedade coletiva, em conjunto com uma empresa particular, os dois abastecidos por registros de toda ordem (interfone, telefone, livro de ocorrências, conversas com síndicos e moradores do entorno e ainda reunião com o conselho para expor o episódio), não tiveram a mesma força das provas ali documentadas. Uma desordem nada explicável aos olhos de cada um, que na sua impotência oportunizaram que o mau vizinho continuasse fortalecido no infrinjo de leis, regras e normas:

- crimes previstos em leis;
- agressões verbais;
- acusações falsas;
- extravio de provas em registros na portaria;
- descumprimento às regras de convivência contida na convenção condominial...

O estilo de vida da jovem idosa em razão dos relevantes episódios de desrespeito nesse tempo de sofrimento por vezes causa vergonha e embaraço a si mesma, quando em algum momento usou da mesma falta de educação, civilidade e respeito para revidar a violência sofrida, como: bater no teto ou em alguma outra coisa, abrir portas e janelas para espalhar os barulhos, lamentar consigo mesma sobre o episódio... saindo do foco das coisas importantes para estas inutilidades.

Um momento da vida em que ainda havia muito a fazer foi desperdiçado. Foi toda a realidade da vida que se inverteu, guardar a escrita para outro momento foi determinado pela situação. Não havia clima para ler e escrever. O caminho a percorrer era outro. De onde estava via uma nuvem de dificuldade se aproximando.

Da mesma forma, sentiu vergonha de si mesma quando teve que mostrar a face da má educação para revidar a violência recebida. Sentiu vergonha dos moradores que, cientes de tudo, nada fizeram para contribuir com uma solução. Usaram o direito de omissão, ficar no seu canto, na surdina, como se diz: "Tô nem aí". Da mesma condição em que se colocaram alguns/algumas amigos/as usando da mesma tática.

Mas a teimosia da jovem idosa em querer ser ouvida não parou por aí, não! Ela queria uma voz para além de ouvir. O lugar indicado por muitos era a delegacia do idoso, mas uma resposta, nem por meio do vento, chegou para ela. Provavelmente explicável pelo entendimento (de que em briga de marido e mulher não se mete colher). Em briga de vizinho não se mete o focinho.

Diante da falta de resposta da delegacia do idoso, ainda restava uma última alternativa para quem queria da justiça uma voz. Em sua defesa e pela orientação de muitos, essa voz estava na Promotoria do idoso.

Embora com o amargo da alma por tantos incidentes, desconfortos e mal-entendidos, a jovem idosa se esforçava para seguir e mostrar que, na natureza de converter uma mentira em verdade, muitos já se afogaram num mar de olhos fechados.

A jovem idosa, despreparada para essa nova etapa, se sentiu desconfortável como um peixe fora d'água quando ouviu uma resposta mais ou menos assim: o ambiente aqui é destinado ao fracasso da sobrevivência, maus tratos, violência... No seu caso: **possui lucidez, orientação e autonomia para realizar atividades do cotidiano. Além disso, administra seus próprios proventos, reside em imóvel próprio. É professora aposentada do estado, recebendo o valor mensal...**

A jovem idosa, completamente desnorteada, voltou para casa se sentindo, como se diz, "uma qualquer". Seu estado emocional, provocado pela consciência dos seus direitos, transitava entre a sua consciência e o equívoco da Promotoria do idoso. Sabia que, pelo aspecto conceitual indicado, essa violência minimizada em virtude da condição social não era uma regra.

Foi se sentindo um trapo pelo tamanho desse desaforo que a jovem idosa, com insucesso do seu pleito em mãos de volta para casa, começou a redesenhar o seu novo percurso. Sabia que seus prejuízos eram sucesso para o morador, que se fortalecia cada dia mais na sua intenção, de insultar. Era por meio de termos depreciativos, como **velha, doida, abestada, abirobada,** quando da necessidade de alguma conversa, que a tratavam.

O sentido de ter se perdido do seu perfil de pessoa educada e equilibrada, já comprometido por esses eventos, misturava tristeza e falta de ânimo por vezes para continuar, porém a força e a vitalidade dessa jovem idosa revelavam que seu limite é maior do que o mundo de injustiça em que vive. Assim, seguindo aquelas portas, nas quais bateu em busca de amparo e não recebeu, faltava o ato de pedir e não colher da imprensa.

Foi ainda convalescente da dor moral que a jovem idosa foi buscar a última perspectiva, a imprensa. Bateu em algumas portas e, longe da fama, com relatórios, crônicas, exposição de motivos ao condomínio, debaixo do braço, pôs-se a esperar resposta. Sabia que mostrar sua verdade pela imprensa seria uma oportunidade.

A matéria jornalística precisaria ser sinuosa à medida que, explorando esses caminhos de intrigas e disfarces, pudesse mostrar os meandros de um condomínio. Entre todos os requisitados, o máximo que a jovem idosa conseguiu foi o indicativo de uma possibilidade em um jornal, no mais, o restante deu calado como resposta.

A transcendência nesses casos não é fácil – declara a própria idosa. Pelos fios brancos, pela pele enrugada, pelo caminhar calmo que o prazo do criador na criatura deixa, o sentimento de impotência na maioria das vezes pode nem ser por si, mas pelos... Os outros.

A jovem idosa sentiu os dois lados do poder: por um lado, a força, a lucidez, a orientação e autonomia; por outro lado, um trapo de uma velha doida abestada, abirobada.

Os dois sentimentos postos na balança vão declarar que o que vai perdurar em nome da justiça do homem e da justiça de Deus não é uma aparência ilusória, a mera figura de uma idosa é o resultado da prática de uma cidadã com consciência do seu papel na sociedade. Que triste saber que é preciso estar em decadência para ter um direito garantido!

Tanto mal fez à jovem idosa esse episódio que, se matando e se recuperando dia a dia, saía da sua moradia chorando para dormir em outro endereço, porém desprovida dos apegos. Para ela esse destino fixo ainda não era o mais importante da vida, este infelizmente ainda dependia de decisão da justiça.

A jovem idosa, que vivia tão cautelosa, encontrou no seu caminho, por obra do destino, gente que inspirava suspeita por revelar pela própria natureza da convivência humana e pelo... O prodígio de uma espécie de tortura é ser um malfeitor.

Seu gozo era sua maldade. Para poder acreditar, basta saber que havia dias e/ou momentos em que parecia não morar ninguém no imóvel, a ponto de a jovem senhora acreditar haver mudado de endereço.

O pedido atual da jovem senhora não era mais físico, institucional, era espiritual. *"Dá-me um caminho, senhor, que nem no meu pensamento volte a este tempo e, mesmo que ainda cercada pelos fantasmas da injustiça, possa viver um novo tempo!"*.

Sonegação de amparo

Foi nesta cidade que um dia a condômina acordou bem cedo com uma senhora à porta pedindo para ela desocupar uma garagem que havia lhe alugado para colocar um carro. Tudo isso aconteceu devido à condômina ter comprado um apartamento com garagem e recebido sem garagem. Enquanto as providências corriam na Justiça, o único meio de possuir um carro era alugando vaga de garagem de outros moradores. O tempo era de temor e ansiedade. Enquanto aguardava a decisão judicial, observava a qualidade das relações e já se antecipava a pensar que, a depender do resultado final da ação, caso viesse a perder e ter que vender o imóvel, foi deslizando por este chão a pisar que recebeu a triste notícia de que havia perdido. Como? Depois de ouvir da juíza em alto e bom tom: "O seu direito, senhor, ninguém tira. Comprou, pagou e não recebeu e a quem lhe deve digo: tem o prazo de dez dias para devolver o que lhe é devido. Mesmo assim o coração nunca ficou calmo, havia um sentimento intuitivo e tudo ficou mais evidente quando o advogado em uma ligação depois dessa decisão, lhe disse para não fazer planos com aquele dinheiro. Foi como se ficasse provada sua capacidade intuitiva? Assim, com as incertezas no coração e esse resultado da Justiça na mão, saiu à procura de imóvel.

Havia muitas ofertas na cidade, mas uma chamou sua atenção. Era acessível a quase tudo e as condições financeiras permitiam comprar. Apesar de naquele tempo a condômina já carregar o peso da idade, a vida não tirava ânimo de dar continuidade aos projetos em andamento. Buscava na marca da responsabilidade pensar os prós e os contras antes de tomar qualquer decisão.

A maioria dos moradores optou por projetar móveis para deixar seus ambientes elegantes, mas financiar seus imóveis. A condômina optou pela simplicidade para não contrair dívidas a essa altura da vida. Entregou nas mãos da construtora na época tudo o que tinha, o dinheiro da venda de um imóvel e de um carro recém-comprado, porém para fechar a dívida teria que financiar 30% do valor do imóvel.

A compreensão de que a vida é por si contradição vai fechar uma passagem para dar continuidade a esse ciclo.

Pois bem, a nova etapa era procurar o banco para financiar esse valor. Para a condômina isso não era problema, tinha todas as condições: nome limpo, renda, documentação em dia, mas a construtora estava em dia com as suas obrigações? O imóvel era regular dentro dos padrões da construção civil?

O mundo desabou sobre a cabeça dela quando o banco disse não poder financiar o imóvel porque a construção era irregular. A condômina não pensou duas vezes e voltou determinada a desmanchar o negócio!

Propôs à construtora: devolvam meu dinheiro e eu compro outro imóvel, na cidade existe muita oferta, porém o que seria óbvio para facilitar essa passagem acabou na Justiça.

Depois de muitas tentativas para receber de volta o dinheiro, ouviu de um dos sócios o seguinte: "A senhora pode entrar na Justiça sua ação é ganha, mas vou passar 25 anos para lhe devolver" e a ameaça vem se cumprindo. A condômina ganhou nas duas instâncias, inicialmente porque o juiz entendeu que houve quebra de contrato. Mesmo sendo idosa e portadora de deficiência já decorrem mais de 10 anos e, em virtude de ter sido obrigada a permanecer no imóvel porque não recebeu a ação, já viveu as penas do inferno com uma má vizinhança.

A construtora, achando pouco seu descaso e conhecendo a morosidade da Justiça, aproveitou o ensejo para entrar com uma ação de despejo contra a condômina. Ao invés de pagar o que deve, procura se embrenhar nos artifícios da Justiça para completar sua promessa de pagar após 25 anos.

Veja que nesta apresentação cada passo inaugura um espanto. No cotidiano está presente a obra da injustiça, cultivado que, pelo fato de ser mulher, aceite-se como sexo frágil: sua definição, como anciã é sua condição e como deficiente a sua sentença.

Apesar das dores pela condição, a condômina está em pé e disposta a mostrar que nada será silêncio e escuridão enquanto ela tiver coragem de ir fundo na raiz das mazelas que assolam a Justiça, como forma de desencravar todas as injustiças que culminam com este rio de lama aqui narrado.

No vira e mexe dos seus sentimentos, a lembrança de como foi o início de tudo, de como foi ser a primeira moradora do condomínio, dava a entender que tudo seria maravilhoso e por um tempo foi. Mas essa etapa da vida que começava por esse lugar ganhou uma "má vizinhança" e se transformou num inferno. Com um projeto de maldade evidenciado por um propósito, os moradores, um casal com um cachorro de grande porte, revelaram pelos seus ilícitos do que seriam capazes. O projeto era de tortura e estratégia, era não dar trégua, principalmente em horários considerados de descanso.

O condomínio, sob a regência de quem não tinha conhecimento para gerir, buscava apoio na empresa que o administrava e os dois, perdidos no vazio do desconhecimento, e falta de responsabilidade com gestão, acabavam fortalecendo o infrator.

A natureza da vivência foi se transformando em falta de paciência e até em falta de civilidade por ter que suportar as perseguições e todas as demais ilicitudes em desrespeito às regras de convivência.

Um lastro de registros nos diversos meios foi sendo protocolado em livro de protocolo; queixas por interfone, mensagens, vídeos e áudios no WhatsApp do condomínio e da empresa que o administrava. Quando já esgotada de ver o fracasso do condomínio em não adotar as medidas cabíveis sobre a problemática envolvendo a má vizinhança, mesmo desprovida de crença na Justiça, resolveu levantar a cabeça e seguir procurando solução.

De tanto ouvir falar em ESTATUTO DO IDOSO, apesar do descrédito nas coisas da Justiça, se propôs a procurar uma Promotoria do idoso, talvez para tirar a prova dos noves, porque só vivendo na própria pele uma situação extrema como essa a coragem renasceu das cinzas.

Viu por muitas vezes seu pai idoso com aquele livreto debaixo do braço procurando com ele impor respeito à sua idade, por isso, mesmo desanimada por lembrar daquele tempo, ela se amargurava só de pensar no quanto seria difícil seguir essa caçada formal em busca de proteção.

Em algum outro momento da vida já havia procurado outra promotoria para sua mãe e, depois de deparada com inúmeras barreiras na contramão dos seus direitos, acabou por desistir, mas de tanto ouvir que *"água mole em pedra dura tanto bate até que fura"* disse pra si mesma "Eu sou a água e a Justiça é a pedra".

A impressão de que bater naquela porta incutia ter efeito imediato trazia ao mesmo tempo o sentimento de que a Promotoria do idoso tinha mais fama do que solução. Esse sentimento sobre Promotoria do idoso confirmava a ideia já exposta de justiça, em face de tantos casos de injustiça já vivenciados.

Por muito tempo a condômina achou que justiça era o único caminho para reparar injustiça e até lastimava quando alguém buscava outros meios; hoje lastima o tempo perdido em algumas ações judiciais.

Desde sempre se viu evidenciada em todas as estâncias jurídicas a insegurança de quem as procura. O meio exalta pela própria natureza do trabalho um aspecto distinto, porém é importante não colocar sobre a mesma igualdade "Justiça e magistrados". Entender que há enganos, desacordos e descontroles judiciais não como um modelo de poder, mas como um estilo, uma maneira particular e pessoal de expressar seu juízo.

A condômina, mesmo vivendo essa situação de estrema vulnerabilidade, resistia a buscar ajuda, porém, seguindo pelo pensamento da maioria dos amigos, enfim tomou posse de coragem e lá foi ela. Ao chegar àquele ambiente de justiça, achou estranho aquele jeito de receber a demanda das pessoas e perguntou: "Moça, não tem um lugar reservado para eu falar?". Ela respondeu de imediato que não e ainda enfatizou que era daquele jeito mesmo ou então poderia ser feito pelos meios digitais. Ela, sem querer expor aquela intimidade tão feia e vergonhosa, voltou para casa como diz minha mãe: "com um pé atras".

Mesmo envolvida por esse sentimento, sentou-se ao computador escreveu detalhadamente em um relatório de cinco páginas, intitulado "RELATO DE UMA MULHER ABANDONADA", o seu sofrimento. Teve o cuidado para não expor nome de pessoa, empresa e demais... evitando reverter contra ela o que depôs no documento. Abriu as portas da sua casa para de certa forma expor a sua intimidade, falar de uma convivência vergonhosa de desconsideração, desacato, desrespeito às normas de convívio, a qual denomina de PROJETO DE TORTURA E MALDADE.

Bater, arrastar, arremessar coisas para assustar e ainda desafiar pelo uso da rede com o ranger do armador e pelo treino dos pés com o tamanco foram meios utilizados para a prática da maldade.

Por que tudo tem sentido de tortura é fácil, fácil entender? Porque tudo acontece nos horários de descano, tem característica semelhante para os mesmos barulhos e intervalo de uma etapa para outra com o mesmo tempo e o intuito principal é tirar a paz e o sossego de uma única pessoa.

Os barulhos, concentrados na maioria das vezes em um único cômodo, a suíte do casal, um quarto que mal cabe uma cama e um guarda-roupa, não justifica o feito.

O desfecho se completa pela desordem causada por um cão labrador, adotado sem o devido adestramento e sem um ambiente doméstico projetado para as suas necessidades, como piso e acústica, como mandam as recomendações do Supremo Tribunal Federal (STF).

A falta de respeito e má educação chegou com eles, mas o projeto de maldade foi idealizado em agosto de 2021, quando a condômina, já saturada de tanto fazer queixas ao condomínio, aconselhada por alguns, resolveu procurá-los para uma conversa mais direta. Nesse dia nasceu o ódio.

A devoção do casal pela maldade, perversidade e falta de respeito extrapola o conhecimento comum que se tem de convivência humana. A condômina, que recebia as sementes do mal sobre sua casa todos os dias, já impaciente e, como se diz, à beira de um ataque de nervo, buscava transcender.

Traçar uma paisagem geral com tão poucos detalhes sobre esse acontecido é um desafio para qualquer um. A intenção de buscar apoio imediato de todos que pudessem contribuir para a solução parecia estar na contramão desse sofrimento pessoal sempre que ela pensava demandar desse apoio. Pelo sentimento de um país desmantelado sem rédea, controle e direção. O cultivo da ideia de justiça deixa claro o quanto o idoso é abandonado nesta sociedade. Entre todas as instituições das quais buscou apoio e não conseguiu sensibilizar está em primeiro lugar o condomínio, a empresa que o administra, a Justiça, em todos os seus segmentos, e os amigos temerosos de terem que testemunhar a favor.

Todos os entendimentos que a impulsionaram a se contrapor para seguir na mesma luta e, mesmo sem apoio, não desistir estão na força e determinação de quem não se entrega ao fracasso porque entende o valor da caminhada.

O passo a passo da condômina a seguir seria: denunciar à imprensa, sem se tornar o centro das atenções, por entender que isolada seria muito mais difícil e por compreender que no horizonte da mesma linha existiam outras pessoas que passavam por situações idênticas e, mesmo tendo o apoio de um amigo jornalista, a matéria não foi veiculada em nenhum dos meios de comunicação que a condômina procurou com essa intenção.

Seguir em frente vendo o mundo parado parecia sugestivo para gravar nas noites de insônia, mesmo sem ter para quem mostrar e fazer um parâmetro entre as malhas embaraçadas da justiça para mostrar que no geral a justiça é desigual, mas entre uma laçada e outra ainda existe algum justiceiro. É mais que proclamar que a justiça divina se mostra isenta de vícios, incoerências e malfeitos, ou seja, é justa. Por isso, mostrar que a dádiva de reflorescer um jardim só não se justifica pelo prazer a realidade, quando ela não for um desejo, não a deixa desistir.

Seguindo por essa regra, que sejam plantados no jardim da vida os seus desejos, usando para isso somente a semente do bom senso.

Contudo os fatos foram se avolumando de tal forma que a condômina, que tinha sua casa como sua maior riqueza, não suportando mais o projeto de maldade, se amargurava na constatação de que não seria possível continuar ali no seu canto. Primeira atitude: abandonar seu quarto, sua suíte, para dormir de forma precária no escritório, porém "o campo para tortura do andar superior" parecia abranger qualquer lugar do seu apartamento, portanto migrar de um canto para outro era apenas um sonho de ter paz.

A verdade dessa opressão só se passava pela cabeça da oprimida porque, enquanto tudo isso acontecia, a maioria já dormia. Era uma espécie de faxina, arrastar móveis, empurrar, derrubar, bater, arremessar... O intuito era de não dar trégua. O intervalo entre uma bagunça e outra era curto, não dava tempo de adormecer.

A condômina, não mais suportando essa tortura emocional causada pelo casal, passou a dormir no apartamento em frente ao seu, cedido por uma vizinha que se mudara para uma casa e, conhecedora do problema, resolveu oferecer seu imóvel enquanto encontrasse venda para ele.

Mesmo em condições que se opunham ao adequado para uma boa dormida, uma vez que o apartamento estava para alugar, renunciar provisoriamente a outra dormida foi um grande alívio porque nada podia se comparar ao inferno daquela barulheira. As medidas paliativas, como usar uma máscara escura para aliviar a claridade, um ventilador para aliviar o calor e água para uso do banheiro, pareciam insignificantes.

A condômina passou mais de três meses ocupando o imóvel para dormir e mesmo assim recebeu a visita social da Promotoria do idoso, que chegou a visitar o lugar onde estava dormindo, pasme! Entendeu que ela estava muito bem.

Por qual motivo terá tido entendimento? Pelo fato de ela estar lúcida?

Porque vulnerabilidade não é mais, fragilidade, delicadeza, insegurança?

Por que o Estatuto do Idoso é para excluir dos direitos quem tem sua sobrevivência financeira garantida, como casa e salário?

Para toda e qualquer violência, abuso, desrespeito, a regra não é a mesma? Não, inclui todo e qualquer cidadão independentemente da sua condição financeira?

Apesar de a condômina ter relatado que não dormia mais no seu apartamento pela importunação dos vizinhos que se estendia noite adentro e ter mostrado às visitantes a situação em que se encontrava, dormindo em um apartamento vizinho cedido por uma amiga, parece que tudo passou despercebido para essas profissionais.

O momento da idosa é de interrogação, mas também de imposição a determinados conceitos vazios sobre ela. As conclusões recebidas até aqui não encerram o que procurava ela, mas desafiam seu sentimento de mundo e, especialmente, de justiça. Na audiência presencial nesta promotoria, ela se atreveu a ouvir. Aquela figura feminina elegante e adornada por lindas joias, falando dela de forma calma e educada, quis fazer convencer de quem ela já sabia ser. Uma mulher que sabe se comunicar com desenvoltura, "mora bem", tem salário, carro, plano de saúde... Pois fora tudo isso, ela também sofre dia e noite a violência de ter que conviver com uma má vizinhança. Um casal de covardes sem limites nem bom senso.

O fato de morar sozinha por escolha é forte o suficiente para dizer que não se sente um cão sem dono e a natureza da consciência responde pelo resto. Uma cidadã nunca está só.

Para mostrar o tamanho do paradoxo, veja o que lhe aconteceu nesse percurso como condômina. Ela era a vítima, mas a má vizinha desprovida de ética viu nas entrelinhas, pela ineficiência do condomínio e da empresa que o administra, que podia tirar proveito da situação e de posse dessa certeza se adiantou no seu propósito, deu entrada na Justiça pedindo reparação de danos morais e materiais.

Felizmente, graças à sua irresponsabilidade, adicionou provas que não condiziam com a verdade e isso facilitou mostrar seu mau-caratismo.

Não fosse a complexidade do ser humano, não seria tão difícil entender o caso, porém fica a lição para o condomínio: *"**Quem não tem coragem de fazer, tem que se resignar a suportar a covardia em não fazer e ainda aplaudir quem faz"***. O que aconteceu nesse condomínio foi a prova. A empresa que nunca teve coragem de tomar as medidas cabíveis, acovardada pelo medo de pagar uma indenização, viu-se diante de uma ação de danos, movida pela malfeitora e não pela condômina. A empresa ficou com a obrigação de pagar advogado para defender o síndico daquilo que deveria ter intervindo, no tempo certo, na hora exata.

Se por um lado, muitos espinhos! Por outro lado, descobrir que por trás da interpretação desses fatos não foi exposta uma brincadeira ou comédia, mas sim um crime, já alivia a alma. Era preciso dizer ao mundo o que pensa ser legítimo. Não foi por imposição, foi por opção a escolha de ser educadora. Esta que começou a praticar a cidadania ainda criança, pela necessidade de combater o preconceito contra o seu defeito físico, hoje, às vésperas dos 72 anos, continua buscando respeito para os seus direitos. A cidadania está no seu estado de espírito, ela lhe impôs ser valente para saber responder aos insultos.

Renunciar a essa empreitada seria aceitar ser mentirosa e experimentar o propósito de provar esta realidade será o único meio de dizer ao mundo: *"Não posso mudar a direção dos ventos, posso seguir a sua direção".*

Este senhor quis por muitas vezes convencer a condômina de que justiça não existia, assim pensando, com um esboço mal pensado, cheio de inverdades e contradições, resolveu adicionar mais uma malfeitoria e, extrapolando o limite da privacidade alheia, gravou conversas dela com a irmã, se encheu de audácia para buscar uma nova indenização na Justiça. Talvez pela liberdade que tem para deliberar no condomínio, pensou ser igualmente fácil na Justiça.

O processo, que não foi impetrado somente contra a condômina, mas também contra o síndico, ofereceu pelo próprio impetrante a visibilidade de quem o é, pelo tamanho da sua irresponsabilidade e desrespeito.

Com muitos anos de sofrimento nas costas, a condômina nunca entrou com ação indenizatória nem contra os maus vizinhos, nem contra condomínio e empresa, porém, pelas leis da vida, fica provado que *"O feitiço se virou contra o feiticeiro".* O condomínio, amedrontado de ser acionado judicialmente, teve que pagar advogado para lhe defender dos maus vizinhos do mesmo jeito que a condômina, assim, a dádiva que refloresceu a alma de satisfação foi da condômina. Nada aconteceu por acaso, foi para mostrar que desde sempre a justiça de Deus verte sobre os justos para mostrar de quem é a injustiça.

Aquele que por muitas vezes agrediu a condômina com expressões desrespeitosas e grosseiras, como: velha, doida, abestada, abirobada... desconhece o valor de viver as boas maneiras. É dissimulado, mal-educado e arteiro, seu gozo mais íntimo é fazer malvadeza e o seu desrespeito maior é provocar a desavença, mas seu projeto de maldade só tem o tamanho exato da ausência do condomínio.

As pancadas produzidas para tirar a paz e o sossego sempre doeram mais do que as palavras grosseiras quando das reclamações da condômina, vez por outra quando perdia a paciência e reclamava. O que mais doía a alma era a hora do dormir, quando tinha que sair de casa à procura de paz.

Foram muitas idas e vindas até a condômina desistir e abandonar de vez sua moradia. Quanto custou tudo isso? Só Deus sabe pressentir, porque a engenhosa peça de maldade valia para todo dia, independe de ser a luz da noite ou do dia. Como efeito, para última providência, não sobrou outra opção que não a de abandonar sua moradia. O que podia parecer inutilidade para qualquer humano normal, era o alimento para seu sonho de covardia desses maus vizinhos.

Enquanto figura desse episódio neste tempo, a condômina vislumbrava deixar como advertência para o mundo que nenhuma tortura possa ser ignorada: seja ela física, emocional, social ou até mesmo aquela violência que não transparece pelo vínculo amoroso entre pessoas, porque pelo sentido de invasão de privacidade é ignorado por muitos. Todavia, essa cegueira social tem levado a vida de muitas mulheres, uma vez que as adversidades do amor podem infringir as leis do coração e se transformar em violência.

Frente ao acontecido e pela fiel indiferença de todos, que assim escolheram fazer, findar essa conversa pode abrir um acervo de interrogações. Mas a condômina considera estar no mesmo pé de igualdade com todos, porque tudo que a deseja também é resposta.

MARIA FERREIRA SILVA

Casa de ninguém

Na casa de ninguém mora uma idosa. Em seus 12 anos de permanência no canto que escolheu para viver sua velhice, a idosa jamais imaginou ter que viver a triste experiência de conviver com um mau vizinho capaz de tirar totalmente a sua paz. Já morava há oito anos nesse imóvel quando um casal aparentemente tranquilo lhes foi apresentado pela síndica, que era irmã do tal proprietário.

Durou pouco para esse casal mostrar sua verdadeira face e a tranquilidade desejada pela síndica não passar de uma visão.

É comum para todos que se mudam precisar de um tempo para acomodar seus pertences, organizar seu espaço. Nesse caso, não poderia ser diferente! Era preciso paciência. Mas o certo é que o relógio não consegue parar o tempo e o tempo para se organizar um ambiente não pode perdurar indeterminadamente. Foi aí que a idosa resolveu procurar a síndica para ter ciência do que fazia o casal com tanta batedeira, uma vez que o seu imóvel ficava no pavimento inferior e todo o barulho invadia seu espaço.

Assim falou ela para a síndica: "Me diga, em nome de Deus, com toda a verdade, o que faz o casal morador do apartamento 403 durante a noite, com tantas pancadas e arremessos de coisas? Trabalham com artesanato? Pois eles vão pela noite adentro, batendo, derrubando coisas e eu não estou conseguindo mais dormir". A síndica sugeriu que ia procurar saber e dava-lhe um retorno.

Um dia, a idosa, de saída para as compras, encontrou a síndica, que disse ter conversado com o casal e eles afirmaram não trabalhar com nada à noite e que isso era coisa de idoso.

A desobediência às regras condominiais pelos moradores chegou a atingir o ponto máximo de importunação. O ranger do armador e os arrastões dos móveis precisou de interferência, agora por parte do novo síndico, que mandou óleo para lubrificar o armador e ofereceu colocar à disposição deles protetores de móveis comprados pela idosa para solucionar o problema.

Longe de alcançá-los, o novo síndico reconheceu que, para solucionar os problemas, era preciso alcançá-los pelas vias da lei, mas a idosa, sem disposição para tanto, resolveu procurá-los diretamente, bater à porta, porque se fazia necessária uma conversa franca, e essa foi sua atitude.

No tratado geral da grandeza de um ser humano, com certeza esses dois não estão inclusos. Tomaram posição oposta a tudo que é regra, lei, norma; e todo princípio que serve como padrão para a convivência por eles é rejeitado. Transformaram pela ilicitude o seu tratado, falta educação, respeito, desacatos e os demais restos de excessos mostram quem são. Todos esses desvios são desprezíveis e não combinam com a sociabilidade. O apego ao silêncio pela idosa tinha razão de ser, como escritora, a leitura se perdia em meio ao excesso de movimento acompanhado por barulhos diversos.

Um dia, disse a idosa para si mesma e guardou: **"Penso que entendi tudo ao contrário e agora, talvez só errando seja possível alcançá-los"**.

Bateu à porta, tom, tom, e a porta não se abriu. Tom, tom, a idosa insistiu. E, como definição, veja por este modo:

— Quem é você? O que quer na minha porta?

— Vizinha, isto são modos de receber uma pessoa na sua porta?

A vizinha respondeu:

— Pois saiba que você está falando é com uma psicóloga.

— Oxente! Com toda essa classe, você desmonta sua profissão.

A idosa baixou o olhar e viu no piso um tapete. **"Não adentre, aqui tem um cão labrador"**.

— Pois é, eu vim aqui justamente para conversar sobre os barulhos do cachorro e os demais, que são para além das regras contidas na convenção do condomínio e estão me incomodando muito. Tenho insônia e o que está bom para a vida de vocês está prejudicando a minha. O convívio em sociedade exige respeito a regras, normas e preceitos. Mesmo que sejamos desconhecidos, tenhamos modos de vida diferentes, o seu direito acaba onde começa o meu. Não sei se a psicóloga sabe que existe o direito de vizinhança, está no Código Civil e na Constituição. Pela convenção do condomínio não é permitido criar animal de porte superior a 90 cm. Você escolheu um cachorro de grande porte com característica para caça e sem seguir o que determina a lei fez como quis. Posso lhe dizer que a lei determina nesse caso: adestrar o animal; ajustar o ambiente, obedecendo às normas com a contenção de barulho e outros itens de necessidades do animal; não ultrapassar o direito do seu limite para não prejudicar ao outro. Quero ainda lhe comunicar que existem muitas queixas protocoladas no livro de registro e no WhatsApp da portaria, contendo vídeos, áudios, para além dos registros pelo interfone feitos em horário não comum para quem mora numa coletividade.

A vizinha, com aquela expressão carregada de ódio, olhou-me e disse:

— Pois vocês dois vão me pagar.

E o dito era para a idosa e para o síndico, e já foi descendo a escada. Passou pelo apartamento do síndico e, após agredi-lo chamando-o de velho mentiroso, foi até a portaria e sem consentimento do funcionário usou da sua ignorância e prepotência para copiar e apagar os registros das reclamações contra os seus atos ilícitos. E foi mais longe, na página virtual da polícia registrou um boletim de ocorrência (BO) e, visando tirar benefício financeiro, ousou pedir uma indenização por danos morais e materiais ao síndico e a idosa O incidente atípico e desastroso desenha que os limites da prepotência desrespeitam inclusive a justiça.

A situação começou a preocupar a idosa quando ela recebeu a visita de um oficial de justiça que lhe disse: "A senhora precisa se defender, procure um advogado".

No começo era somente a ação, mas depois veio o deleite pela ação. Demonstrando disposição ilimitada de seguir, desafia até a Justiça quando organiza seu pacote de mentiras para atingir a reputação e honra com acusações falsas.

Enquanto sonha que seu feito pode vingar, se esconde na covardia de não aparecer em nenhuma das audiências e isso mostra quantos desperdícios da vizinha com seu gosto pessoal em horas de trabalho inútil.

Não entendeu ainda que a maldade é um bate e volta?

Você plantou ódio em terra árida. Enquanto vocês a agridem de velha doida, abestada, abirobada e mandam a..., ela escolhe para esta idade plantar em um novo quintal com novas sementes que se tornarão públicas para germinar em solo fértil como forma de mostrar que esse modo de tortura que incidiu diretamente sobre sua vida e tem causado danos financeiros, físicos e emocionais em um tempo que ninguém acredita mais existir, existe, sim.

Todas as dores causadas pelo sofrimento das suas maldades foram plantadas uma a uma nesse quintal. O enredo é tão longo que dá para montar um longa-metragem. Seus personagens principais são um casal e um cachorro, uma idosa e o abandono a ela perpetrado.

Estão neste elenco:
- condomínio;
- empresa que o administra;
- moradores;
- delegacia de polícia do idoso;
- Promotoria do idoso;
- impressa, escrita e televisionada da cidade;
- outras instâncias da Justiça.

Que essa voz possa ser expressa por meio de filmes, novelas, músicas e/ou livros... Que a sociedade expulse do mundo esses abutres que se regozijam com a carnificina que imaginam ter conseguido transformar, e que a luta pelos direitos seja baseada na promoção do respeito e não na tolerância aos crimes de "tortura, importunação e maldades", como foi o caso.

Tão maldoso quanto perverso não é somente o jeito de fazer, é o jeito de dificultar provar sua maldade. Com um arsenal de provas que nunca serviram como provas, essa jovem idosa de 71 anos bateu à porta desse elenco por vezes e vezes e todos de olhos fechados a ignoraram.

Os desvios funcionavam assim: com um ambiente bem arquitetado para esconder seus crimes, eles dissimulam a tortura, obedecendo a um limite de tempo e intervalo entre uma e outra etapa.

Todos os dias, eles iniciam o seu propósito da mesma forma, batendo, arrastando, arremessando coisas pelo chão. Eles soltavam o cachorro, que mais parece um jumento desenfreado, à procura de liberdade. Após tirar o cachorro da cena, o silêncio pede passagem como sugerindo: "**Agora pode dormir**", mas em pouco tempo a truculência recomeça... Novamente o silêncio insiste: "**É hora de dormir**"... E com essa sucessão de maldade, os olhos ardidos de chorar se despede do sono.

Se não for incômodo, esta senhora que lhes dirige a palavra gostaria de rogar a Deus por coragem para suportar esta solidão com o discernimento de compreender que ajuda por meio da força que sustenta esse infortúnio é algo incompreensível.

Nada do que faz essa gente é surpresa para a idosa desde o seu embrião, sentia dar sinais de ser "monitorada" por alguns indícios que chamavam atenção. Se estivesse com visitas, parecia não morar ninguém no imóvel, mesmo que a visita perdurasse por dias e até meses. Se estivesse falando ao telefone, do mesmo modo se comportavam, até que um dia o indício deixou de ser somente uma evidência para se tornar verdade. Foi quando fui avisada de que, com a gravação de um desabafo meu com uma irmã, o vizinho estava procurando a Justiça pedindo nova indenização.

E aí dá para saber que onde moram vermes desse tipo quintal nenhum poderá verdejar, porque sua força e a sua vitalidade parecem ter alcance universal.

Aqui desmorono e deixo que alguém conte mais dessa história.

Foi quando a voz de Deus ordenou desocupar o imóvel: "*Cada coisa tem um valor, cada valor tem um custo-benefício. Quanto custa permanecer neste lugar e que benefício vai lhe trazer?*".

Setenta e sete metros não equivalem aos 35 da quitinete que escolhera para morar. Ela terá um "quintal" menor, mas em compensação será grandioso para a plantação mais desejada por um ser humano: paz, saúde e trabalho.

Para entender que essa miniatura de gente com 1.40 cm e 45 quilos de peso e força de um gigante ainda é capaz de perceber a consciência do perigo, mas não desistir de buscar pela lei a garantias dos seus direitos.

MARIA FERREIRA SILVA

Agenda de sentimentos

Desta agenda de sentimentos
retirei os mais pertinentes para refletir,
A política sob meu ponto de vista
E/ou mesmo sobre o seu existir
Parece difícil e não deixa de ser,
Pois o motivo principal é o descrédito
Ao movimento político e sua contradição
Como a participação desobrigada
Daquilo que deveria ser obrigação
Ela deixa transparecer claramente
a postura dos maus políticos
e desonra a casa parlamentar.
E o desrespeito ao cidadão
Esta "miséria", que para muitos é prato cheio
E para outros pratos vazios,
Foi um bom motivo para que meu pouco poder
Quisesse adentrar pelo seu caminho,
Para mostrar ao cidadão
Quanto custa para ele o seu pouco fazer
Porque mesmo quando esta está calada
Nos bastidores rola o jogo da amizade
Porque nada acontece sem a política.
E a casa parlamentar que era para ser
Quase "um lugar sagrado"

Mas parece a casa da mãe Joana
Onde cada um faz o que quer
Menos os princípios de respeito e moralidade
Ainda longe desse alcance
Onde deveria ser acordado pelo bem da nação
E para si todos encomendam
Sem critério, desmoralizam a nação
Pra gerar um bolo de rolo distinto
Com alguma fatia de moralização
Foi preciso perder a consideração
Até de quem não tinha sua inclusão
Porque na hora do rolo
Todos entram para fazer o acordão.
Bolo de rolo, um rolo pela metade
 Senhor Brasil, Um caçador e sua grande caçada
São os ingredientes principais para a receita
O modo de fazer é o mesmo de toda receita
Junta amassa e monta para depois dividir.

MARIA FERREIRA SILVA

Bolo de rolo

Ingredientes:
Uma porção de bons políticos
Uma porção de "bons" ladrões
Uma porção de cidadãos
Uma parte reduzida de elite
Uma porção volumosa de gente carente
Um bocado de inimigos da nação
Uma fração alienada vinda de toda direção
E uma porção de herança vinda da escravidão
Para formar esse bolo, que parece mais um rolo,
E assim descrever essa grande nação.

Para fazer essa massa e montar um bolo de rolo vai exigir muito trabalho, porque, para analisar isoladamente seus aspectos, será preciso considerar que unir o todo é uma tarefa impossível.

Desdobrar a massa em diferentes fatias com diferentes gostos será a melhor saída.

Começar com um grande punhado de bons políticos aos cidadãos conscientes para formar a fatia de zelo e cuidado.

Agora juntar uma porção de bons ladrões com a massa de alienados para formar a fatia de corrupção.

Juntar a força da elite com um bocado desses inimigos da nação para formar meu pedaço de indignação.

Juntar agora a grande massa de podridão; amassar com muita força para fazer sua junção. Nesse caso, não será nada difícil, pois o conjunto dessa força se mantém em união.

Este bolo tem o sal das lágrimas, o açúcar da grande produção, tem o suor do trabalho bem como muita exploração. Tem ainda a dignidade do povo cidadão, tem a beleza da natureza sacrificada pela riqueza, mas tem também riqueza da pobreza por ambição.

Botei este bolo no liquidificador. O meu sentimento docemente amargo vai mostrar que na verdade o sentido deste bolo nada tem a ver com o famoso bolo nordestino. Seu sentido figurado não abriga práticas culturais nem se manifesta por estes sabores.

Para finalizar o BOLO DE ROLO foi preciso montar uma força-tarefa, foi como fazer um doce de jiló. Foi preciso separar os ingredientes bons dos ruins, lavar por muitas vezes os ingredientes ruins e ainda desinfectar para juntar aos outros.

Para montar o bolo com fatias fininhas, intercalando doce e amargo em benefício do resultado, resta oferecer para consumição.

Bom apetite!

Um rolo pela metade

Sem motivo para eu recusar, concordei comigo mesmo de política aqui falar, fui andando bem devagar e na cozinha resolvi ficar. Pensei alto! Escuta aqui, será que em uma receita de cozinha caberia descrever a política brasileira? Aparentemente marcada por tantos rolos, **um bolo de rolo** seria a melhor sugestão, mas que tamanho teria esse bolo com tantos rolos a desvendar? Talvez fosse tão grande que precisasse partir pela metade.

Rolo pela metade evidentemente é uma inspiração! É uma noção aproximada que tenho para esmiunçar o contexto político atual.

Que fazer deste sentimento que pretendo moldar pelos seus aspectos gerais a política em consumo ou destino? Está pronto na minha cabeça, mas pelo tamanho, para montar um esquema detalhado com a infinidade de coisas que sinto vontade de dizer, vou precisar render uma mesa com pequenas fatias de: desencanto, melancolia e conflito entre passado e presente e entre presente e futuro para pensar o seu destino, porém, enquanto meus pensamentos viajam na fuga de querer saber o destino, surge que em vez de sofrer vou desviar pela rota dos sonhos e fazer somente o que é possível fazer.

A minha determinação de escrever o sombrio momento político da nação começaria por dizer que meu limite com essa política sem ética e compromisso está próximo de um colapso. A falta de coerência explica as minhas divergências e desafetos com atitudes grotescas e desumanas no trato com a coisa pública por esta gente apaixonada pela política, porém desarticulada da empreitada. A violência demonstrada nas atitudes de um presidente da República contribuiu para formar esse rolo confuso. Um controverso senhor trazido embutido por uma traição imprevista recebeu da população analfabeta política algo nunca imaginado que se consolidou, e no comando do posto maior da nação ganhou título de Mito.

Fantasioso e cheio de simbolismo vindo de uma força militar e trazendo consigo o amor incondicional pela ditadura, tem prazer de mostrar o seu afeto no seu dia a dia pelos seus atos, mostra-se confuso com tudo. Nunca em tempo algum um presidente mostrou com tanta força a marca da irresponsabilidade com a coisa pública quanto este senhor.

Para fazer esse rolo pela metade, foi preciso destrinchar, separando por porções as afinidades. Pensando detidamente não há dificuldade, uma vez que essa nação sempre esteve dividida entre ricos e o restante: pobres; pretos e brancos, explorados e exploradores... e as demais desigualdades. Para não esquecer, basta ir mastigando devagarinho no pensamento essa história recente da política. Rolo pela metade é a expressão exata.

Minhas preferências estão tão distantes destas debilidades que me causa até repugnância ver que a mais pura e universal voz do cidadão, o voto, que tem o poder de mudar os significados da política para suas vidas, pessoas, ganhou, pela força contrária, da ausência da educação.

Os desprovidos de consciência política que assumem naturalmente a neutralidade, segundo eles, nada têm a ver com política e não fazem questão de materializar o quanto essa postura custa caro aos demais, são piores do que aqueles que mostram sua verdadeira cara.

Para agregar a força da política ética e moral com a força inversa, esse rolo propõe pensar que a discordância política em torno de acordos e conchavos, na maioria das vezes, é o único meio que resta entre o querer e o não aceitar, para continuar na política.

Aprendi desde muito cedo a saber a hora de entrar, de estar e de me retirar de qualquer movimento da vida. Não foi fácil engolir os acordos em torno da candidatura de Lula, e pelo impulso brusco e falta simpatia, teria dado tchau e pronto, mas muito embora o movimento como demonstração da minha insatisfação fosse legítimo, meus ouvidos atentos não deixaram de escutar e aceitar que esse seria o melhor remédio para aquela emergência.

O tempo é o senhor das decisões, nele se ganha e se perde. Acreditando ganhar novas adesões, olho agora para um novo tempo, com o cantar como Ivan Lins:

No novo tempo
Apesar dos castigos
Estamos crescidos
Estamos atentos
Estamos mais vivos
Pra nos socorrer
Pra nos socorrer....

Todo tempo é tempo para avançar ou retroceder. Espero que avancemos e, mesmo divergindo, consigamos com sabedoria entender que a política está nos nossos dias e o desprezo a ela só nos traz prejuízo.

Espero ainda ter vida para montar um bolo completo, com união de forças em benefício da nação, em que a riqueza e a pobreza marquem uma única opção: repartir.

Que o mestre traga para todos o instrumento da paz, que nenhuma partilha seja sentida como um prejuízo, porque quando morremos vamos todos nus carregando somente as nossas ações para prestarmos conta.

As demais contas já não se contam mais, por vezes viram briga, furdunço, desavença e consequente arrependimento de que podia ter feito diferente, mas deixou de fazer.

Louvai, Senhor, por esse rolo que na minha cabeça por um instante existiu! Que as palavras e pensamentos aqui escritos sejam luz para toda esta escuridão.

Senhor Brasil

Enquanto figura de um tempo, "Nosso Senhor Brasil", açoitado, maltratado, espezinhado, tende a ser um autorretrato para ficar no pensamento. Nos anais da história guardados, podem até adormecer para muitos, mas eu mesma não vou ficar tão somente a lamentar nem muito menos esmorecer, porque esquecer jamais!

Meu esforço é para tirar do silêncio, por isso permaneço a perseguir, porque esta história não tem motivos para dormir.

Uma tempestade de maldade tomou o posto de assumir o Senhor Brasil. Este chegou determinado a botar em prática suas intenções, abraçou bandeira como sua propriedade e mostrou suas tendências contrárias à liberdade. Disse, com o peito estufado, de agora em diante para viver a "democracia" terá que seguir por outro caminho e louvando a Deus, abasteceu as igrejas evangélicas com sua doutrina e, associado aos falsos pastores, **já viciados em práticas não condizentes com Deus, pôs em relevo os valores da família como sua bandeira religiosa.** E parece que a profecia se concretizou (*"Eis que surgirá um falso messias, que se unirá a falsos profetas e muitos falsos cristãos irão adorá-lo"*). E aí, pelo sentido da religião, coisas terríveis podem acontecer e cada um acaba por mostrar seu lado ruim. Foi isso que aconteceu e até imagem de quem trabalha com respeito com religião foi suja porque todos os pastores evangélicos foram colocados no mesmo pé de igualdade, e para Deus ainda sobrou a incumbência de escapar dos olhos penetrantes e tão comuns aos falsos cristãos, para provar que sua tarefa não é coisa fictícia.

O único jeito de não deixar me levar por essa correnteza enlameada foi, por este propósito, querer adverti-los. Muitos deles não sabem o que dizem, porque foram batizados pela ignorância e não pela sabedoria, por isso mesmo fazem por crer que para qualquer maldade existe um perdão! E aí eu que creio que a dívida de cada um é de cada um, faço meu esforço para chamar sua atenção.

Penso que desmontar essa malfeita construção não vai ser fácil porque os resquícios viciosos ficaram impregnados por todos os setores da sociedade, família, escola, religião e política, que exalta os malfeitos do capitão e tenta, por negatividade, apagar a memória do que se tem de positivo.

O cenário de transações entre os seu e os outros aliados, pela dimensão das teias e tramas, conseguiu mostrar a cara deste Senhor Brasil.

O jeito torto de governar, em desacordo com regras e leis vigentes, fez parte dos seus próprios modos e incomoda todas as pessoas conscientes. Entre muitas outras coisas, o que mais chamou atenção é o jeito debochado de lidar com coisas sérias. Tenho plena consciência de que as sequelas que vivemos hoje, por ignorância política, levarão décadas e décadas para ganhar recuperação. E a depender de quem governará esta nação, deste governo em diante, se for continuidade, é possível que não mais o país se recupere.

A ignorância é a mais atraente parceira da morte, ela mata a vida dos seres, das coisas e dos sentimentos; ela é o fim de qualquer horizonte.

Muitas das nossas fontes de alegria (pai, mãe, filhos, parentes e amigos) que não mais reencontraremos e que eram o nosso ponto de equilíbrio levaram a nossa segurança. A maioria se foi pelo fruto do descaso com a saúde, no momento que era urgente a decisão de um presidente e não a figura simbólica de um MITO.

Foram vidas de pessoas, animais, plantas e instituições que desaguaram por um rio de sujeira como num dia de uma grande tempestade. Ignorados pela importância que a vida merece, muitos foram parar em valas para serem sepultadas por todo este Senhor Brasil.

Só não me embrenho por completo de plena amargura porque sei que toda bravura de pistola na mão é comportamento de covarde. Tudo quanto foi perdido em vidas ou causado em miséria pelas desigualdades, e tanto banhou a alma "dele" de prazer, não ficará impune. Se não houver justiça dos homens, haverá a de Deus, que pode até tardar, mas jamais falhará.

Para quem acredita ter sido um sério gestor, o véu da carapuça já começa a se desmanchar e mostrar, para além das vidas humanas, a devastação da natureza em todo o seu território, o desmonte das instituições, o descrédito e menosprezo pela ciência, a grotesca imposição ao silêncio por perseguições e ameaças, a desvalorização da cultura, a transformação dos quadros institucionais... São heranças que vêm deixando as nossas almas piores do que as mazelas daí resultantes.

Os nossos olhares atentos a tanta obscuridade haverão de ser luz para não deixar cairmos em total desânimo e em um tempo breve reencontraremos um Senhor Brasil recomposto na sua totalidade.

Com percepção, sensibilidade e humanidade, um operário vindo das brenhas do Nordeste, trazendo consigo a força do agreste, adotou a simbologia de cabra da peste e brigou, revirou, ajuntou e depois distribuiu em pedacinhos de consciência para formar uma grande galeria com tudo que ele queria para o Brasil ilustrar. Os benefícios foram muitos. Com ousadia, decência e esperança, contribuiu em favor de todos nós, em especial pelos discriminados desta nação.

Quase perdi meu mundo de sutileza, beleza e encantamento, por meu Senhor Brasil, mas em nenhum momento deixei de acreditar que neste tempo, com tantos bois, ia faltar a pastagem para sobrevivência.

Conduza-me onde quiseres, Senhor Brasil, menos a encontros indesejáveis que desviem meu caminho da rota dos sonhos.

Um caçador e sua grande caçada

Para uma grande caçada não basta somente ser bom caçador, é preciso sorte e a grande sorte deste caçador que vou abordar foi sua caçada ser uma mulher, porque neste nosso Brasil, mulher apanha feio do machismo e até parte da mulherada concorda que certas competências são coisas para homens.

Já faz algum tempo, mas daquele absurdo político não deu para esquecer e todos puderam ver um inimigo afoito, louco para tomar o lugar da companheira. E foi desrespeitando a relação de trabalho e de compromisso assumido frente a milhões de pessoas que ele botou no bolso a ética e a moralidade e partiu para dar o seu bote. Por uma cartada maior, derrubou, por meio de um impeachment, uma presidenta, "Uma mulher forte, ética e valente". Esta senhora foi destituída do poder pelos fundamentos opostos ao que regia o seu mandato.

Um infinito cenário de mentiras montado com maestria, capaz de convencer a nação de que o inaceitável se torne aceitável, não foi difícil. Como disse Erasmo: **"Não há nada de tão absurdo que o hábito não torne aceitável".** Cabe direitinho na política.

A malícia, costurada com a falta de ética e compostura política, ganhou a força do ódio para saciar sua sede de poder. Com tudo bem pensado e embasado pelas forças de oposição, o caçador montou na surdina seu projeto. Esse alicerce daria continuidade à sua extensão, que seria a próxima legislatura. Nada difícil; com a mesma ideologia política, social e cultural, os dois projetos se fundiram em um mesmo projeto. *Um golpe por um impeachment, no qual uma denúncia sem comprovação de crime e um plano imaginado e guardado desde a ditadura para a posteridade formaram um filho único.*

Pelo tamanho absurdo, a nação brasileira, nossa moradia comum, foi desativada e este senhor, que esqueceu a decência por não respeitar o cargo que recebeu pelo sufrágio do voto, se aventurou e deu certo.

Por mim, essa ação ficou caracterizada como um golpe. Infelizmente, na política, as oposições convertem a natureza das coisas com o fim de tirar proveito próprio. Nesse caso, tomar o posto da colega com as bençãos do Poder Legislativo foi uma grande cartada.

Esses sujeitos desabilitados para os cargos, os quais ocupam pelo sufrágio do voto, agem como se fossem donos da nação, a ponto de desrespeitar o compromisso do voto.

Brincar de governar dá-nos por entendimento o tamanho da irresponsabilidade e confirma, pelo sentimento mais comum, que a nossa casa foi devastada.

Mesmo sabendo que o cardápio político é indigesto para alguns, quis colocar como uma aposta para ganhar adesão. Infelizmente, muitas dessas pessoas, alheias aos prejuízos à sua vida, veem os desmandos políticos como ideal de um governo e, assim sendo, sentem-se desresponsabilizadas. A eles não interessa porque não entendem ser prejuízo para suas vidas.

Pelo engano de pensar que a relva não é para pisar é que muitos, confundidos entre pisar e não pisar, ficam apáticos diante do espaço plantado, mas o que é preciso é uma semente de boa procedência e o cuidado.

Voltando-se para a comparação entre a relva e a política, o entendimento é quase o mesmo. Uma semente de bom senso nos sujeitos que fazem as regras, normas e leis, quando posta na prática, vai dar a entender que a maior utilidade da grama é para ser pisada e a maior utilidade da política é não pisar sobre as pessoas com comportamentos espúrios, ofensivos e desrespeitosos.

Apego-me a Deus todos os dias no propósito de não abdicar, de não deixar de ver, saber e entender, sobretudo, o que envolve a vida.

Já ouviu dizer que "**Água mole em pedra dura tanto bate até que fura**"? Pois foi na profissão de professora, com paciência, insistência e acima de tudo com a consciência de que conhecimento é direito de todos, que não desisti de fazer a água furar a pedra, porque sei que uma pedreira pode virar areia e aquele enorme grão, aquela pedreira, quando repartida, pode se multiplicar em milhões de outros grãos e muito embora pequeninos, uma área bem maior será contemplada.

Toda partilha tem um efeito, as formas de movimentos vagam entre o bem e o mal e quem transforma a natureza é o ser humano, porém toda realidade pode inverter para o bem e o mal. A decisão de cada um é individual, mas quando se transforma em algo coletivo, como na política, pode ter efeitos desastrosos que vão desde trocar o certo pelo duvidoso, como foi o caso do impeachment de Dilma, até o baixo golpe contra a democracia em 8 de dezembro de 2023.

Meu grande desafio é com o meu compromisso ético, político e social; ele se articula entre a igualdade e a diferença. Sabe por quê? Porque está na minha essência humana. Nunca fui filiada a partido político, mas não sou apolítica.

Talvez, entre tudo dito, escrito e reflexionado, muitos vejam de olhos fechados a passagem deste golpista que, resignado sobre todo o caos que ele montou para dar a sucessão do seu governo, ainda aceita com a naturalidade do desconhecimento ser assim mesmo, porque político faz é do seu jeito e ninguém pode mudar.

O sentimento é de que, depois de tudo, o tempo os tenha colocado nos seus devidos lugares. A esperança de ver esse passado brutal ser desvendado e suas alusivas glórias passadas a limpo pela justiça me faz lembrar que todo desejo, para se tornar sonho, tem começo, meio e fim. Receber as chaves para entregar a nação a outro comando demorou, houve muitos percalços, mas me sentindo vingada aprecio o novo tempo sem medo de ser feliz.

Varal de frases e pensamentos

Amor é para dividir
Carinho é para presentear
Rosas são para ofertar
Gentileza em qualquer convivência é uma obrigação
Faça enquanto é tempo porque o tempo passa
Apesar de pensar ser impossível, ainda assim, tente; por vezes dá certo
Toda conquista inicia com uma decisão
Insista toda vez que não se convencer do resultado
Se pensa que ainda não fez como devia, insista, persista e não desista
Se amar é uma arte, então amar não é para todos porque nem todos são artistas
A vida pede prazer e alegria para os seus dias, todos os dias
Na ciranda da leitura as palavras trazem prazer e fantasia para seu dia
Enquanto existir prazer em criar, viva vou estar
Na vida, o que é importante é o que dá prazer.

Daqui vejo a vida como ela é, cheia de sonhos e mistérios
Se muitas vezes desconheço a mim, como dizer que conheço alguém?
O grande mistério é saber que certas coisas não são para entender, apenas para viver
O mundo literário não é para qualquer um, é para quem gosta de viajar
Pode até ser que aquilo que não deu certo um dia aconteça em outro somente por acontecer.
As mãos que tecem com as letras sãos as mesmas que tramam com as linhas, a diferença

está no resultado do traçado.

Quanto mais distante é o sonho, mais prazeroso é o momento da sua realização.

A leitura é uma riqueza acessível, mas não tem arte para convencer

Algo só é incerto quando não se tem o certo como uma verdade.

Não fique incrédulo com aquilo que cabe esperança porque na vida um ensejo pode se tornar uma oportunidade.

A política é a arte que mantém pela aversão instintiva o inimigo ao seu lado

Muitas glórias da vida são sonhos de cada um, mas se distribuídos em larga escala, podem se tornar um sonho comum

Na simplicidade busquei marcas firmes para transformar em realidade o que ainda é esperança

Distante não é o que realmente está longe, mas o que perto é ignorado.

A leitura é uma viagem que proporciona diversão, entretenimento e aprimora a capacidade intelectual

O grande mistério é saber que certas coisas não são para entender, apenas para viver

Frases que foram escolhidas para bordar

Distante não é o que geograficamente está longe, mas o que perto é ignorado.

Nunca deixe de buscar por não ter certeza de encontrar, porque o que cabe no seu sonho é distinto e independe de lugar.

A leitura é uma viagem que proporciona diversão, entretenimento e aprimora a capacidade intelectual.

Sorria para o dia quando ele chegar.

Pode ser que aquilo que não deu certo um dia aconteça em outro somente por acontecer.

Na simplicidade da vida busquei sempre transformar em realidade o que ainda é esperança.

Quanto mais distante é o sonho, mais prazeroso é o momento da sua realização.

A única certeza que temos sobre justiça é que a justiça de Deus está acima da justiça do homem.

A política é a arte que mantém pela aversão instintiva o inimigo ao seu lado.

Muitas glórias da vida são sonhos de cada um, mas quando distribuídos em larga escala, podem se tornar um sonho comum.

A vida é um empréstimo, mas dela podemos tirar "bons proveitos".

Agradeça ao abraço com um laço.